**Kleine Mainzer Schriften zur Theaterwissenschaft**
Band 5

# *Das Absterben der Pose*

## Die Subversion des Melodramas in Cindy Shermans Fotoarbeiten

von

Maren Butte

Herausgegeben von Peter Marx, Kati Röttger und Friedemann Kreuder

Tectum Verlag
Marburg 2006

**Butte, Maren:**
Das Absterben der Pose.
Die Subversion des Melodramas
in Cindy Shermans Fotoarbeiten.
/ von Maren Butte
- Marburg : Tectum Verlag, 2006
Kleine Mainzer Schriften zur Theaterwissenschaft; Bd. 5
Covergestaltung unter Verwendung
eines Fotos von Julia Kneuse
ISBN 978-3-8288-8969-9



Tectum Verlag
Marburg 2006

# Vorwort

Die neueren Erkenntnisse der Bildtheorie und der *Visual Culture Studies* haben bislang noch wenig Eingang in die Theaterwissenschaft gefunden (vgl. Jackob/ Röttger 2003). Um so bemerkenswerter ist der in diesem Band vorgelegte Ansatz, die fotografischen Arbeiten Cindy Shermans am Schnittpunkt von Theaterwissenschaft, *Gender-Studies* und Bildtheorie einer neuen Betrachtung zu unterziehen: „The melodramatic mode" (Brooks 1976) wird hier nämlich stringent als piktorale Diskurstechnik einer visuellen Kultur behandelt, die Cindy Sherman sich aneignet, um die modernen Funktionsmechanismen der Repräsentation der „Frau" im diskursiven Netz von Begehren, Blick, Bild und bürgerlicher Subjektkonstitution zu unterlaufen.

Dabei kann Maren Butte in einem historischen und intermedialen Brückenschlag vom Theater des ausgehenden 18. Jahrhunderts über die Fotografie bis zum (Hollywood)Film des 20. Jahrhunderts zeigen, wie erfolgreich die Techniken der Realitätskonstruktion, die das Melodrama bis heute bereitstellt, an diesem Netz mitwirk(t)en, um *als mise en scène* der Psyche die Ideologeme der bürgerliche Kultur (etwa die Logik des Patriarchats) zu naturalisieren. Besonders hervorgehoben wird dabei die Funktion der melodramatischen Pose, die, im melodramatischen *setting* der Kontraste, gegenüber der spektakulären Aktion den Betrachter im stillgelegten Bild des Exzesses der Gefühle einfängt. Meistens am Motiv der verlassenen und verlorenen (weiblichen) „Unschuld" oder aber an der entfesselt „Rasenden" orientiert, zeigt sich hier das Pathos des Mangels und des Verlusts in einem prägnanten Körperbild visualisiert, der den *locus amoenus* bürgerlicher Idylle aufruft.

Die Verfasserin nun macht mit Roland Barthes auf die Mythenbildungen aufmerksam, die sich mit den Körpertechniken der melodramatischen Posen von den Bühnen des ausgehenden 19. Jahrhunderts (man denke nur an die berühmte Todesszene Sarah Berhardts in der Rolle der „Kameliendame") bis in den Hollywoodfilm hinein erhalten haben. Cindy Sherman, so Butte, greift diese Mythen in ihren „Film Stills" auf, um das „Absterben der Pose" als kritische Strategie der Aufdeckung der medialen Konstruktion von tradierten weiblichen Körperbildern zu zeigen. Die Verfasserin arbeitet mit aller gebotenen Klarheit heraus, wie Sherman in ihrer Doppelposition als Künstlerin und Modell die Erstarrung zur Pose in unterschiedlichsten Variationen als symbolische Aussagen inszeniert, mittels derer deutlich wird, wie der diskursive Charakter der Erzeugung von Geschlechteridentität (*gender*) in den visuellen Repräsentationen des Films und der Fotografie durch ein bildliches Verfahren der Erzeugung von Emotionalität, ganz im Sinne einer ‚Orchestrierung der Gefühle', ergänzt und untermauert wird. So interpretiert sie die Stillstellung des performativen Prinzips der Wiederholung in der fotografierten Pose als melodramatisches Prinzip, das im Falle Shermans aufgegriffen wird, um die Künstlichkeit der Pose sichtbar zu machen.

Amsterdam, 14.12.2005

Kati Röttger

**Literaturhinweise**


Brooks, Peter: *The Melodramatic Imagination. Balzac, Henry James, Melodrama, and the Mode of Excess.* New Haven and London 1976.

Jackob, Alexander; Röttger, Kati: "Ab der Schwelle zum Sichtbaren. Zu einer neuen Theorie des Bildes im Medium Theater", in: Ernst, Christoph; Gropp, P.; Sprengard, A. (Hg.): *Perspektiven interdisziplinärer Medienphilosophie.* Bielefeld 2003, 234-257.

## 1. Die Fotoarbeiten Cindy Shermans im Kontext der ‚visuellen Kultur'

Seitdem die digitale Revolution eine Gesellschaft kreiert hat, die zu einer bild-gestützten Kommunikation tendiert, werden in der Erforschung der Kultur zunehmend die Sinnerzeugungs- und Funktionsweisen von Bildern problematisiert. Im Zentrum der Untersuchung steht daher seit geraumer Zeit vor allem die Wahrnehmung durch den Betrachter. Da die Fotografien der amerikanischen Künstlerin Cindy Sherman als ‚Kunst-Bilder' Wahrnehmungsstrukturen reflektieren und parodieren, könnten ihre Arbeiten für eine neue, wahrnehmungsorientierte Definition von ‚Bild' ertragreich sein. Darüber hinaus schneiden ihre parodistischen Imitationen auf humorvolle Weise zahlreiche Diskurse der westlichen Kultur und hinterfragen sie gleichzeitig: die kulturell geprägten Verständnisse von Repräsentation, Authentizität und nicht zuletzt vom dualistischen Modell der Geschlechter. In welchem Zusammenhang stehen Shermans Bilder, die oben genannten Diskurse und Visualität als Kernbegriff westlicher Zivilisation?

### 1.1 Vom Spektakel und dem *Pictorial Turn*: die *Untitled Film Stills* als Reflexion von Wahrnehmungsstrukturen

In den letzten Jahrzehnten hat die Forschung über Bilder und Visualität stark zugenommen. Diese Entwicklung, die auch rückfragend andere Jahrhunderte beleuchtet, resultiert natürlich aus der dominanten Bilderpräsenz in der Kultur unseres Jahrhunderts. Über Massenmedien hat die Vernetzung der Welt oder die von Marshall McLuhan vorausgesagte Entstehung des ‚globalen Dorfes' längst stattgefunden, und die Verbreitung von Bildern über Fernsehen, Kinoleinwand, Computer und über die Perfektionierung der Speicher- und Vervielfältigungsmöglichkeiten durch die voranschreitende Digitalisierung hat ihren bisherigen Höchststand erreicht.
W.J.T. Mitchell subsumiert diese Phänomene unter dem Begriff *pictorial turn*. Die Idee zur Bezeichnung als *turn* stammt von Richard Rorty, der „die Philosophiegeschichte als eine Reihe von Wenden (*turns*) charakterisiert"[1] hat. Dem *linguistic turn*[2], der die Welt als

---

1 W.J.T. Mitchell: Der Pictorial Turn, in: Privileg Blick, Kritik der visuellen Kultur, hg. von Christian Kravegna, Berlin 1997, S. 15.

2 Ermöglicht wurde diese Wende durch die Erfindung des Buchdrucks im 16. Jahrhundert und der damit einhergehenden Ausdehnung von Reichweite und Kommunikation. Im Zeitalter der Aufklärung und der Industrialisierung (maschinelle Erzeugung von Papier und Drucken) im 18.

‚versprachlicht' oder als Textgewebe von sprachlich erstellten und vermittelten Diskursen begreift, stellt Mitchell eine Verschiebung zum ‚Bildhaften' gegenüber. Als Philosophen und Theoretiker, die über das Visuelle in der Kultur gearbeitet hätten, werden Jacques Derrida, Michel Foucault, Vertreter der Frankfurter Schule und Ludwig Wittgenstein genannt; und Mitchell zeigt auf, wie groß das Unbehagen an den Bildern zu sein scheint. Er beobachtet, dass wir, obwohl wir in einer Zeit lebten,

> die oft als Zeitalter des ‚Spektakels' (Debord), der ‚Überwachung' (Foucault) und einer alles durchdringenden Bildproduktion charakterisiert wird, immer noch nicht genau wissen, was Bilder sind, in welchem Verhältnis sie zur Sprache stehen, wie sie sich auf Beobachter und Welt auswirken, wie ihre Geschichte zu verstehen ist und was mit ihnen, bzw. gegen sie gemacht werden kann.[3]

Auch Hans Belting beobachtet diese Unsicherheit. Es komme immer wieder zu „Unschärfen"[4] in der Rede über Bilder. Er spricht sogar von einer „Polemik gegen Bilder"[5], beispielsweise bei Jean Baudrillard.

> In diesem Diskurs machen die Philosophen die Bilder dafür verantwortlich, dass die Repräsentation der Welt in eine Krise geraten ist. Jean Baudrillard nennt die Bilder gar die ‚Mörder des Realen'. Das Reale verwandelt sich dabei zu einer ontologischen Gewissheit, vor der die Bilder kapitulieren müssen – und sollen. Nur historischen Zeiten trauen wir noch zu, dass sie über die Bilder Herr geworden sind. (...) Für Baudrillard ist aber jedes Bild, an dem er keinen Realitätsbeweis ablesen kann, gleich ein Simulacrum, ebenso wie er dort eine Simulation wittert, wo die von ihm geforderte Äquivalenz von Zeichen und Bedeutung unterlaufen wird.[6]

Die Kritik am Bild, das scheinbar referenzlos geworden ist, ist eng verwoben – das wird an dieser Stelle deutlich – mit einem gewissen ‚Realitätsbild', einer Vorstellung von Wirklichkeit, die Anspruch auf den Status des Realen erhebt und dem Bild einen ‚textuellen' Zu-

---

Jahrhundert erreicht die Diskursivierung der Lebenswelt eine neue Dimension. Vgl. dazu u.a.: Nikolaus Wegmann: Diskurse der Empfindsamkeit – Zur Geschichte eines Gefühls in der Literatur des 18. Jahrhunderts, Stuttgart: Metzler 1988, S. 15ff.

3 Mitchell 1997, S. 17.

4 Vgl. Hans Belting: Bild-Anthropologie, Entwürfe für eine Bildwissenschaft, München 2001, S. 11.

5 Belting 2001, S. 18.

6 Ebd.

sammenhang zuweist. Daher erklärt sich die große Unsicherheit, denn nicht alle Bilder in unserer ‚bilderüberfluteten' Welt haben diesen als klar empfundenen Ursprung. Folglich greifen derartige Zuordnungen nicht mehr; denn, obgleich sich das Problem bildlicher Repräsentation schon immer gestellt hat, nie war es so anwesend wie im Zeitalter der Massenmedien, wo Mitchell zu Folge sogar „die massenhafte Zerstörung einer arabischen Nation [z.B. von der amerikanischen Wählerschaft] als kaum mehr denn ein spektakuläres Fernsehmelodram inklusive der simplen Erzählung vom Triumph des Guten über das Böse (...)"[7] wahrgenommen werde. Und was überhaupt ist die Realität? Die nicht durch Medien verstellte, unmittelbare Welt, die nur unsere Vorfahren erfahren konnten? Oder ist Realität nur ein Konstrukt, eine Idee von Wirklichkeit und ontologischer Gewissheit? Nehmen wir, wie es Martin Schulz beschreibt, die Realität um uns, in uns, an uns in Bildern wahr?

> Jede Repräsentation zieht eine endlose Verkettung von Vorgaben nach sich, so dass eine übergeordnete Frage etwa nach einer ursprünglichen Einheit oder Entzweiung von realer Präsenz und medialisierter Repräsenz eines Körpers sich im Strudel eines grundlosen Zirkels zu verfangen scheint. Man nimmt immer schon in Bildern wahr, die etwas repräsentieren, so wie man selbst stets als Bild wahrgenommen wird.[8]

Die scheinbare 1:1 Logik der Repräsentation[9], das wird hier deut-

---

7 Mitchell 1997, S. 18.

8 Martin Schulz: Körper sehen – Körper haben? Fragen der bildlichen Repräsentation, Eine Einleitung, in: Quel Corps? Eine Frage der Repräsentation, hg. Von Hans Belting, Dietmar Kamper und Martin Schulz, München: Fink 2002, S. 1.

9 Ebd. Schulz sucht in seiner Einleitung eine Klärung über den Begriff ‚Repräsentation' und umreißt theologische, psychoanalytische, juristische, politische und zeichentheoretische Ansätze. Neben Ideen von der R. als Referenz oder Ähnlichkeit stellt er vor allem die philosophische Bedeutung heraus. Er macht so auf den Zusammenhang der R. mit der Sprache aufmerksam; darauf, wie eng Repräsentativität und Diskursivierung der Welt (nach Michel Foucault) miteinander verwoben sind. Er sagt wörtlich: „(...) die philosophisch betrachtete R. [spielt] vor allem seit der Aufklärung eine besondere Rolle, genauer noch in der Erkenntnistheorie, wenn es darum geht, die möglichen Verhältnisse zwischen dem zum Denken und Erkennen begabten menschlichen Geist und der Wirklichkeit und Wahrheit der Welt genauer zu fassen und zu analysieren. Darin gründet sich die klassische Zweiteilung, Verdoppelung und der symbolische Konnex von Zeichen und Welt." In diesem Zusammenhang ist dann auch meines Erachtens die Krise der R. als Krise einer Konstruktion – also als eine dekonstruktive Krise – zu sehen. Vgl. dazu auch Bel-

lich, kann dieser Verkettung nicht gerecht werden, und konnte es übrigens noch nie. Eine Analyse der Bilder, die den semiotischen (im herkömmlichen Sinn, z.B. Ferdinand de Saussures) Bezug zu einer wie auch immer gearteten Realität sucht, kann also nach Mitchell und Belting sowie Schulz nicht ausreichend sein oder muss ins Leere laufen.

An einem schlüssigen neuen Modell zur Bewältigung der ,unkontrollierbaren' Bilder fehlt es noch, aber die Aufmerksamkeit richtet sich immer mehr auf das „Bild als einem komplexen Wechselspiel von Visualität, Apparat, Institutionen, Diskurs, Körpern und Figurativität“[10], was durchaus als eine Erweiterung des linguistischen Verständnisses gesehen werden kann. Diese neue Position in der Forschung will nicht zu einem Weltbild vor Linguistik, Semiotik und Diskursanalyse zurückkehren, will keine „Rückkehr zu naiven Mimesis-, Abbild- oder Korrespondenztheorien von Repräsentation“[11], sondern bindet diese Faktoren in einer Art Postsemiotik ein. So ergibt sich für Mitchell folgende Gewissheit über den *pictorial turn*:

> Er ist die Erkenntnis, dass die Formen des Betrachtens (das Sehen, der Blick, die Praktiken der Beobachtung, Überwachung und visuelle Lust) ebenso tiefgreifende Probleme wie die verschiedenen Formen der Lektüre (das Entziffern, Dekodieren, Interpretieren etc.) darstellen, und dass visuelle Erfahrung oder die ,Fähigkeit zu lesen' nicht zur Gänze nach dem Modell der Textualität erklärbar sein dürften.“[12]

Ein neuer Bildbegriff, der die Medialität und Diskursivität, sowie die Wirkungsmacht auf den Betrachter einbezieht – ein Begriff, der die Materialität des Bildes und die mentale Struktur im Betrachter,

---

ting (S. 39), der in seiner Arbeit über ,Bild-Anthropologie' feststellt, dass die Krise des Realen eine ,Norm' über das Reale voraussetze.

Die Frage nach der Repräsentation – in Bezug auf die Geschlechter – wirft auch Bronfen auf, vgl. Elisabeth Bronfen: Weiblichkeit und Repräsentation, Aus der Perspektive von Semiotik, Ästhetik und Psychoanalyse, in: Genus, Zur Geschlechterdifferenz in den Kulturwissenschaften, Stuttgart 1995, S. 408-445.

Auch Bronfen differenziert die politische, ästhetische, semiotische und psychoanalytische Repräsentation. Für diese Untersuchung und für die Untersuchung der Weiblichkeit in den Künsten ist ihr Verständnis der philosophischen oder ästhetischen Repräsentation als „Wiedergegenwärtigmachen, als Wiedergeben, Vergegenwärtigen, Vorstellen, Darstellen“ sehr brauchbar.

10 Mitchell 1997, S. 19.

11 Ebd.

12 Ebd.

Medium und Bedeutungskonstitution zu analysieren vermag – kann die Unsicherheit im Umgang mit den Bildern eindämmen. Belting schlägt sogar einen ‚anthropologischen' Bildbegriff vor, wenn er sagt, ein Bild sei mehr als ein Produkt von Wahrnehmung, es entstehe als das „Resultat einer persönlichen oder kollektiven Symbolisierung"[13].

Um diese Struktur der Bilder als Auslöser eines ‚Entzifferungsprozesses' nach Mitchell, als Resultat einer ‚Symbolisierung' nach Belting und im Schatten einer ‚Krise der Repräsentation' zu verstehen, kann die Betrachtung von ‚Kunst-Bildern' nützlich sein. Einen solchen Gegenstand bieten die Fotografien Cindy Shermans. Ihre erste Serie, die *Untitled Film Stills* bedienen sich des Mittels der Imitation, sowohl auf ‚inhaltlicher' als auch medialer Ebene, sie sind also stark reflexiv und können Einiges über die verborgene Struktur von Bildern sichtbar machen.

Die sogenannten *Film Stills* sind Cindy Shermans meist beachtete Arbeit. Für diese Bilder hat sich die Künstlerin selbst als eine fiktive weibliche Figur fotografiert und diese Aufnahmen durch perfektionierte Licht- und Kameratechnik, schauspielerische Gestik, Mimik, Kostüm, Maske und Requisite – also durch die Mittel des Theaters und des Films – in einen Szenenmoment eines ‚imaginären' Films verwandelt. Gleichzeitig führt sie stereotype Darstellungen und Idealbilder von Weiblichkeit in unserer Kultur vor, die vor allem über die Medien Film, Fernsehen und Fotografie verbreitet und bestätigt werden – durch ständige Wiederholung werden sie zu Leitbildern und normativen Vorgaben. Heute sind es vor allem die Musiksender, die die phallische Weiblichkeit[14], also die begehrenswerte Schönheit präsentieren; Sherman referiert aber auf eine andere Zeit: die vornehmlich amerikanische Filmkultur der 50er und 60er Jahre – die Zeit, in der die massenmediale Verbreitung idealer Bilder von Weiblichkeit ihre bis dato größte Ausweitung fand und über das Fernsehen eine ständige Präsenz etablierte. Das Bildmaterial, aus dem die Künstlerin ‚Kopien ohne Original'[15] schafft, die ich lieber wie Doris Kolesch als ‚Neuschöpfungen aus einem mythischen Pool der westlichen Kultur, aus dem kollektiven Imaginären'[16] begreifen möchte, besteht also aus Fragmenten aus der Filmkultur um die

---

13 Belting 2001, S. 11.

14 Diese psychoanalytisch fundierte Ordnung des Begehrens in der westlichen Kultur soll an anderer Stelle konkretisiert werden.

15 Bronfen: Repräsentation und Weiblichkeit 1995, S. 433.

16 Kolesch 1998, S. 186.

Mitte des 20. Jahrhunderts. Die anzitierte Bildwelt der *Untitled Film Stills* stammt sogar noch aus einer Zeit, die Sherman – geboren 1954 – selbst nur als Kind erlebt hat, einer Zeit, aus der eher ihre Mutter Unterhaltung und Vorbilder gewählt haben muss. Sherman nutzt in ihren Zitaten also das teils unbewusste („ich war eines dieser Kinder, die immer fernsahen und dabei etwas anderes machten“[17]), teils aber durchaus bewusst rezipierte Material, was für die Analyse und die Einordnung in die momentane Forschungslage sehr interessant ist:

> Ich habe mich damals sehr viel mit Film beschäftigt. Ich hatte viele Bücher über Film. Besonders alte Filme haben mich inspiriert, mehr als die ‚Kunst-Welt'. Vor allem traditionelle Kunst war für mich nicht sehr interessant. Die *Film Stills* waren für mich die Lösung, Bilder, die aussehen, als wären sie aus einem Film, der nie gedreht wurde.[18]

Durch Verkleidung, Verwandlung, Schauspiel und Arrangement schafft es die Künstlerin nicht nur thematisch zu zitieren, sondern auch durch die Nachahmung der ‚Technik' das Medium und den Typus des Film Still zu imitieren, so dass man fast glauben möchte, den Film gäbe es wirklich. Bemerkt werden sollte an dieser Stelle, dass es sich bei Film Stills an sich um eine ‚intermediale' Form der Fotografie handelt. Als Film-Standbild macht es bereits als Gebrauchs- und nicht Kunstfotografie auf diese eigene mediale Spezifität aufmerksam; Sherman bearbeitet nun diesen bestimmten Typus der Fotografie, der wiederum bereits implizit auf seine Schwesterngattung, den Film, verweist. Jedes der Shermanschen *Film Stills* ist schwarzweiß und alle ca. 40 x 50cm groß, was für die Analyse der Bilder nicht unwichtig ist und im Gedächtnis behalten werden muss; ist die Größe doch ein entscheidendes ästhetisches Merkmal,

---

17 zitiert in: Elisabeth Bronfen: Das andere Selbst der Einbildungskraft – Cindy Shermans hysterische Performanz, in: Cindy Sherman, Photoarbeiten 1975-1995, hrsg. von Zdenek Felix und Martin Schwander. München 1995, S. 15.

18 In: Sherman - Kunst heute 14, hrsg. von: Wilfried Dickhoff Köln 1995, S. 22.
Der Aspekt, dass Sherman sich bewusst von der hohen Kunst entfernen wollte, ist ein interessantes Phänomen, das die Kunstgeschichte als Disziplin anstößt, die bis ins zwanzigste Jahrhundert Künstlerinnen nahezu aus der Erzählung großer Künstlerschaft ausgegrenzt hat. Viele Künstlerinnen des 20. Jh.s reflektierten diesen Ausschluss bewusst oder unbewusst in ihren Werken. Die Kunstgeschichte als ‚Konstruktion' soll neben anderen Diskursen unserer Kultur an anderer Stelle noch hinterfragt werden.

das die Rezeption stark beeinflusst. Das kleine Format suggeriert nämlich zunächst eine Beiläufigkeit oder Unwichtigkeit der Aufnahme, etwas Misslungenes[19]. Die *Stills* sind allerdings auf den zweiten Blick so überzeugend, dass sie in ihrer Vergrößerung durchaus als Motive der Plakatwerbung dienen könnten, wie es Film Stills für gewöhnlich auch in der Filmindustrie als Teil einer Verkaufs- und Marktstrategie tun. Solche Standbilder sind per Definition und in der Praxis stets nachgestellte Momente des Films, sie sind nicht aus dem Film isoliert, da die Flüchtigkeit der Bewegung im Film nie dieselbe ‚Prägnanz' erreicht wie das nachträgliche Arrangieren und der gewählte Ausschnitt. So imitiert Sherman nicht nur gängige Inhalte von amerikanischen, vornehmlich ‚Hollywood'-Standbildern, durch Schauspiel und andere illusorische Techniken: Auch auf medialer Ebene, der kommerziellen und funktionalen Fotografie, vollzieht sie eine gelungene technische Nachahmung.
Die kleinformatigen schwarzweißen Fotografien entstanden ab Mitte der siebziger Jahre und reichen mit 69 verschiedenen Motiven bis in die achtziger Jahre. Shermans Oeuvre beläuft sich inzwischen auf mehr als 350 Bilder, die alle unbetitelt sind und durch Nummerierung unterschieden werden müssen. Die *Film Stills* sind die einzige Serie, der die Künstlerin selbst den Namen gegeben hat – alle anderen sind Arbeitstitel oder fremde Namensgebungen von Museen, Katalogen oder aus der Forschung, die sich eingebürgert haben. Bereits die Tatsache, dass seitens der Produktion keine Benennung, also keine Lenkung der Rezeption oder Sinnvorgabe stattfand, deutet darauf hin, dass die Analyse der Werke Shermans eines Bildbegriffs bedarf, der stark von Wahrnehmungsstrukturen handelt: Der Betrachter selbst gibt den Bildern Namen. Shermans Bilder reflektieren das Phänomen, das sowohl Belting als auch Mitchell meinen, wenn sie von ‚Lektüre'[20], kollektiver Symbolisierung', ‚Animation'

19 Die zu beobachtende Zweitklassigkeit als gezielte B - Klassigkeit wird ebenfalls noch genauer zu betrachten sein, haftet doch dem Qualitätsurteil des Melodramas durch Kritik und Kunstforschung meist auch eine Minderbewertung oder Degradierung zum Kitsch und Produkt für den Massengeschmack an – wie auch in einer langen Periode der Kunstgeschichte der Kunstproduktion aus Künstlerinnenhand. Es existiert eine Art Norm für Kunst, die eine Hierarchie etabliert, die reine Fiktion ist. Sherman reflektiert und ironisiert dieses Phänomen – wie einige subversive Melodramen, z.B. Minellis oder Sirks (über die in dieser Arbeit nicht der ausreichende Platz ist, zu berichten, aber deren Arbeiten in dieser Untersuchung präsent sind).

20 Vgl. Mitchell 1997, S. 19.

oder vom ‚falschen Dualismus von inneren und äußeren Bildern' reden.[21]

## 1.2 Die Grundzüge der Film Stills: die Inszenierung des Betrachters

Die *Untitled Film Stills*, später die *Rear Screen Projections*, *Centerfolds* und *Pink Robes,* sind die Serien, in denen die Künstlerin ihr eigenes Modell war. Deshalb blieb die Forschung lange an der Frage interessiert, ob die Bilder nicht vielleicht nur Dokumente von Performances seien, von Aktionen, die auf die Transformation der Künstlerin abzielten – ganz in der Nachfolge Valie Exports, Adrian Pipers oder Judy Chicagos, die auf den repressiven Status der Frau in der patriarchalen Gesellschaft aufmerksam machen und ihn brechen wollten, um zu einer authentischen, echten Weiblichkeit jenseits kultureller Benennungen zu finden.[22] Darin sind die Fotografien Shermans aber nicht erschöpft. Die feministische Forschung, mit Hilfe derer man sich der Kunst Shermans besser nähern kann, da sie andere Instrumentarien zur Analyse bereithält, hat sich in den letzten Jahrzehnten in Richtung der Dekonstruktion weiblicher Mythen und Diskurse entwickelt: Die Frage nach der Rekuperation des weiblichen Körpers ist der Frage nach Wahrnehmung und fiktiver Authentizität als Konstrukt gewichen.[23] Auch die Künstlerin selbst kann in Inter-

---

21 Vgl. Belting 2001, S. 20/ 30.

22 Silvia Eiblmayrs übersichtliche, ausführliche und präzise – manchmal für diese Zwecke zu deskriptive – Arbeit *Die Frau als Bild – Der weibliche Körper in der Kunst des 20. Jahrhunderts* konkretisiert an Beispielen aus der Kunstgeschichte den Bildstatus der Frau in der westlichen Kultur und die Bewegung diverser Künstlerinnen, um diese Reduktion oder das imaginäre System der Geschlechter zu brechen oder neu zu formulieren. Den eigenen Bildstatus brechen zu wollen, führte zur Zerstörung des Bildes, der Leinwand, und letzten Endes zur Selbstzerstörung, bzw. Verletzung des Körpers – was wiederum ein Bild des Leids etablierte. Der Bildstatus ist also nicht aufzuheben, es ist keine authentische Weiblichkeit möglich, was die Bilder Shermans noch exemplifizieren werden. Dann soll auch noch einmal der Status der Frau als Bild, den Begriff der *being-looked-at-ness*, den John Berger geprägt hat, und der sich unter anderem seit Dürer auch wahrnehmungstheoretisch begründen lässt, wiederaufgegriffen werden.

23 Vgl. Judith Butler: Das Unbehagen der Geschlechter, Frankfurt/ Main 1991, oder: Silvia Eiblmayr: Die Frau als Bild – Der weibliche Körper in der Kunst des 20. Jahrhundert, Berlin 1993.
Butler und Eiblmayr heben je mindestens (!) zwei chronologisch aufeinanderfolgende Denkmodelle des Feminismus hervor. Grob und kurz ü-

views wenig mit der Frage nach der Performance oder den Selbstportraits anfangen; sie stellt sich und ihren Körper nicht in die pathetische Diskussion um den ‚geschundenen und unterdrückten Körper', der an der Gesellschaft leide, oder in die Reihe der Performance–Künstlerinnen, die eine Position und stabile Identität in der Gesellschaft zu finden versuchten, die sich jenseits der männlichen Bedeutungsökonomie etabliert. Sie thematisiert nicht die eigene Identität, Weiblichkeit oder die Auswirkungen der Verkleidung und des Schauspiels auf ihr Befinden. Auf die Frage Andreas Kallfelz' in einem Interview antwortete sie einmal:

> Ich mache keine Selbstportraits. Ich versuche in den Bildern immer so weit wie möglich von mir wegzugehen.[24]

Anlässlich dieser Zusicherung könnte man denken, sie wolle eine Vielzahl möglicher Identitäten vorstellen, was in der Lesart den Effekt hätte, dass man einen neuen Realismus oder Determinismus in die Bilder hineinlesen würde. Die Einflüsse des Milieus auf Charakter und gesellschaftlichen Status wären dann Topos der Fotografien – die Fotografie ist in unserem Kulturkreis nach wie vor das Medium der Dokumentation. Aber diese Deutung schränkt das Potential der Fotografien ebenfalls stark ein, die Bilder wären dann schnell erschöpft. Das eigentlich Irritierende an den Bildern ist ja nicht (nur) die Einsicht, wie wandelbar ein Körper und eine Person sind, sondern das Gefühl des Wiedererkennens. Man bemerkt, dass in der eigenen Erinnerung ein Bildpool existiert, der aus Fiktionen über die

---

berblickt bedeuten sie: Die eine Strömung, deren Ziel der rekuperierte weibliche Körper ist, und die auf das autonome Subjekt abzielt oder es zumindest für den Mann unhinterfragt voraussetzt und so einem humanistischen Gedanken folgt, will den Objekt- oder Bildstatus in einen Subjektstatus verwandeln und besteht auf der Möglichkeit der Rückkehr ins ‚vordiskursive' Feld. Dieses Modell setzt das Geschlecht *sex*, also die Biologie, voraus und will mit der Veränderung im Bereich des *gender* ansetzen. Die zweite Strömung (z.B. Irigaray und Kristeva), die eher poststrukturalistisch argumentiert, findet diese Unterscheidung in *sex* und *gender* nicht hilfreich. Ihr Ansatz ist kulturkritisch und diskursanalytisch. Statt auf weiblicher Authentizität zu bestehen, sehen die Vertreterinnen diese als fiktiv, denn es gibt keine Existenz außerhalb von Sprache und Diskurs, der die Geschlechter bestimmt und das Begehren regelt. Diese Diskurse werden durch Wiederholung bestätigt – und man kann auf dieser Ebene den Status angreifen, indem man die Inszeniertheit und Struktur der Scheinontologien freilegt, reflektiert und durch Parodie verschiebt. Darauf wird im Laufe der Arbeit noch öfter zurückzukommen sein.

24 Bronfen: Das andere Selbst der Einbildungskraft 1995, S. 13.

Medien gespeist wird – und der nicht so individuell wie angenommen ist, denn auch die ‚Mitbetrachter' erfahren diese Irritation. Bei jedem Bild werde ich aufs Neue irritiert – die Stärke der Irritation variiert natürlich von Person zu Person und Bild zu Bild, diese ist aber evident vorhanden. Das Zentrum der Bilder, auf das man immer wieder wie in einem Zirkelschluss zurückfällt, gleichgültig aus welcher Perspektive man sich genähert hat, ist nicht das der Identität, sondern das der Inszenierung von Wahrnehmung. Cindy Sherman selbst kann es nicht treffender formulieren, wenn sie sagt,

> die Leute neigen dazu, unter dem Make-Up und den Perücken nach einem gemeinsamen Nenner zu suchen, nach dem Wiedererkennbaren. Ich versuche die anderen dazu zu bringen, eher etwas von sich selbst wiederzuerkennen als mich.[25]

Das eigene Bildrepertoire zu erkennen, das plötzlich die Grenze zwischen inneren und äußeren Bildern aufzuheben scheint, die Einsicht, ein inneres Archiv an Stereotypien zu beherbergen und eine genaue Zuordnung in Genre und Moment des Films machen zu können – also die Fähigkeit das, was man gerade sieht, in eine komplette Filmhandlung einbauen zu können – bilden den Gesamteffekt der Bilder aus. Die Bilder scheinen sich im Gedächtnis mit ähnlichen, zuvor gesehenen, zu verbinden, werden verglichen und stoßen den jeweiligen Mythos an, der dazu abgespeichert ist. Damit nicht genug: Nicht nur objektive Handlungsfakten werden abgerufen, sondern auch eine gewisse Haltung zur ‚Fabel', eine moralische Wertung scheint mit der Erinnerung verflochten. Ich werde emotional statt rational mit der Handlung verknüpft – das ist die intensive Erfahrung, die beim Betrachten der Bilder ausgelöst wird. Plötzlich wird ersichtlich, wie das eigene Gedächtnis arbeitet, wie persönlich und subjektiv öffentliche ‚Bilder' funktionieren, wie sie prägen und sich als feste Werte festsetzen. Dieser Vorgang lässt sich leicht an zwei willkürlichen Beispielen der *Film Stills* verifizieren:

Das *Untitled Film Still #27* (Abb.1) zeigt eine junge, attraktive, blonde Frau in frontaler Ansicht an einer schwach ausgeleuchteten Bar sitzend. Ob sie sich in einem privaten oder öffentlichen Ambiente befindet ist nicht genau erkennbar. Sie füllt fast das gesamte Bild aus; ihr oberes Kopfende ist durch den Bildausschnitt nicht mehr sichtbar. Die Kameraperspektive führt von unten rechts nach oben links, was eine Spannung mit dem nach links gerichteten Blick der Frauenfigur erzeugt. Sie ist im Moment des Weinens und vielleicht des Erzählens aufgenommen, der Mund ist wie in einer Sprechpau-

---

25 Zitiert in: Bronfen: Das andere Selbst der Einbildungskraft 1995, S. 15.

se leicht geöffnet, die dunkle Farbe des Lidschattens ist verwischt und bildet unterschiedlich dunkle Tränenstreifen auf den Wangen. Auf dem Tisch vorm Aschenbecher aufliegend hält die rechte Hand eine schon fast aufgerauchte Zigarette. Auf dem Tisch stehen oder liegen neben dem exotisch geformten Aschenbecher drei weitere Accessoires: ein langhalsiges Glas mit einer alkoholisch anmutenden Flüssigkeit, das kleine silberne Feuerzeug und die edle kleine Handtasche. Die Kleidung der Frau ist schlicht, elegant, schwarz, mit dem aufreizenden Blickfang des Leopardenmusters am weitausgeschnittenen Kragen. Ihm entsprechen der freche, stark gestufte blonde Bob und die dunkle Schminke. Ein Ring mit dunklem Stein an der linken Hand fällt ins Auge. Abgefallene Asche ist über den Tisch verstreut.
Ein anderes Bild, *Film Still* #84 von 1980 (Abb. 2) zeigt eine Frau in Rock und Stiefeln mit einer dunklen Jacke über den Schultern, die sich in der Küche nach der gerissenen Papiertüte und den auf dem Boden verteilten Utensilien des Einkaufs bückt – oder genauer in der Hocke einen Karton Eier hält – und ein mögliches Gegenüber mit großen Augen und Schmollmund von unten ansieht. Diese Aufnahme ist von oben gemacht, die Linse der Kamera aber leicht versetzt zum Ziel ihres Blickes, wodurch wieder eine ästhetische Spannung erzeugt wird. Diese junge, diesmal dunkelhaarige Frau gibt einen anderen Gemütszustand wieder, den man assoziativ als Trotz und Abwehr deuten würde, ihren Blick vielleicht auch als eine Art ‚strafenden' Blick.

Bei beiden Bildern stellen sich beim Betrachten automatisch Zuordnungen zu Filmen ein: beim ersten Beispiel zu einem ‚Hollywoodstreifen' aus den 60er Jahren, wegen Kleidung, Haarschnitt, und dem gewählten Moment und Ausschnitt. Bei dem zweiten Beispiel findet eine Einordnung in die Reihe der Filme statt, die man unter den Oberbegriffen ‚neorealistisch', Frankreich oder vielleicht ‚italienischer Film' im Gedächtnis behalten hat – eine genauere Determinierung ist nicht möglich und für das Funktionieren der Bilder auch nicht nötig. Der bunt gemusterte Rock in Kombination zu Stiefeln legt eine Einordnung in die späten sechziger Jahre nahe. Im selben Moment der Einordnung in die Filmkultur, wird diese auch schon wieder verdrängt und man taucht in die Fiktion ein: Um den gezeigten Moment scheint sich ganz automatisch eine Geschichte aufzubauen. Eine oder mehrere mögliche Filmhandlungen hat man sofort für die dargestellte Person parat. Andere Bilder wie das Film Still #16 (Abb. 3) motivieren eher, sich das gesamte Leben einer Schauspielerin und ihrer Karriere daran aufzubauen, oder einen Film vor

seinem inneren Auge zu sehen, der nach einer Biografie über eine Schauspielerin gedreht wurde usw. Letzten Endes sind ja auch beispielsweise die Biografien (eines Schauspielers/ einer Schauspielerin, einer Prinzessin, einer wichtigen Person des politischen Lebens, usw.) Teil der Fiktionen, mit denen wir uns so gern umgeben. Wieso umgeben wir uns gern mit ihnen? Wie sich herausstellen wird: Kitsch, die Seifenoper und Hollywood-Romanze, gerade die B-Kunst, zu der auch das Melodrama zählt, scheint einen stabilisierenden, affirmativen Charakter zu haben.
Offensichtlich ist, dass die Interpretation der Betrachter von dem vorgegebenen Frauentypus in bestimmte Bahnen gelenkt wird: Mit den von Sherman gezeichneten Stereotypen von Frau gehen Rollenklischees einher, die bestimmte Verhaltensweisen ausschließen, andere bevorzugen. So wird die Mehrzahl beim in Punkt 1.2 beschriebenen *Film Still* #27 vermuten, dass die junge verweinte blonde Frau in der Bar betrogen oder verlassen wurde. Die Verhaltensweise oder Umgehensweise mit der Trauer ist codiert. Die junge dunkelhaarige Frau mit dem Einkauf auf dem Küchenboden wirkt, als habe sie gerade einen eventuell handgreiflichen Konflikt mit ihrem Lebensgefährten o.ä. ausgetragen, den sie nun durch ihre trotzige Art bestrafen will.
Obwohl auf dem Bild nie sichtbar – Sherman fotografiert sich immer allein: Teil der imaginativen Handlung ist immer ein Mann. Die unterschwelligen Substrate der Handlung scheinen Liebe, Sexualität und die damit einhergehenden Fragen nach der Existenz und dem sozialen Umgang zu sein. Ein männlicher Gegenpart, Begleiter, Betrachter (oder auch Gegenstand der Gedanken der Brief lesenden oder träumenden Frau, siehe #34, #5 (Abb. 4 und 5)), ist immer anwesend. Nicht nur als Teil der Fiktion und Handlung empfindet man ein männliches Gegenüber als passend, auch auf der ‚realen Ebene der Produktion' überantworten wir das *Film Still* selbst automatisch einem Fotografen? Wieso sind Fotograf männlich und Motiv weiblich kodiert?
Diese Wahrnehmungshaltung, sich in einen Dialog zum Bild und zu den eigenen Erfahrungen zu setzen, ist keine distanzierte Reflexion oder Identifikation, es ist eine Teilnahme, die eine symbolische Weltordnung impliziert, eine Ordnung der Geschlechter etabliert und ein Pathos belebt, das man assoziativ nur mit einer Kunstgattung in Verbindung bringen kann: dem Melodrama. In welchem Zusammenhang das ‚Melodramatische', das Melodrama als historische Gattung und die Frage nach einem ‚postsemiotischen' Bildbeg-

riff und der westlichen Kultur stehen, wie das melodramatische Weltbild evoziert und wieder gebrochen wird, soll in den folgenden Kapiteln anhand der *Film Stills* und Bildern anderer Serien der Künstlerin erklärt werden.
Die Grundzüge, die in diesem Kapitel grob skizziert wurden, sind also folgende Aspekte, die als gedankliche Voraussetzung dienen sollen: Zunächst der Aspekt der Imitation des signifikanten Moments auf produktiver Ebene, die narrative Einbindung des Szenenmoments in eine Geschichte, die starke affektive Teilnahme und die Affirmation eines bestimmten Weltbildes. Die weibliche Protagonistin wird sowohl in der mentalen Fiktion als auch auf der Ebene der Produktion, der Fotografie selbst, einen Kontext männlicher Autorität gesetzt, obwohl kein Mann anwesend ist. Doch zunächst wird das Melodrama im Folgenden historisch und ästhetikgeschichtlich grob umrissen, damit die Begriffe präzise auf Shermans Fotoarbeiten angewendet werden können.

## 2. Zwischen Vernunft und Leidenschaft: das Melodrama vor dem historischen Hintergrund des 18. Jahrhunderts

Da es für die Fragestellung der Arbeit nicht von Interesse sein kann, alle Implikationen und Merkmale der Entwicklung des Melodramas darzustellen, sollen nur ansatzweise die zeitgeschichtlichen Kontexte besprochen werden. Die Beispieldramen und -melodramen sollen nicht analysiert oder interpretiert werden, sondern dienen als Matrix für die grundsätzlichen Gedanken zum ‚Bild' und zur Ästhetik des 18. Jahrhunderts. So werden Fragmente der Dramen zur Erleichterung des Verständnisses herangezogen, keines aber in seiner Ganzheit zur Debatte stehen.

### 2.1 Das Zeitalter der Reflexion: Melodrama und Aufklärung

Als die Geburtsstunde des Melodramas wird in der Forschung immer wieder die Aufführung von Johann Christian Brandes *Ariadne auf Naxos* am 27. Januar 1775 durch die Seylersche Schauspielergesellschaft genannt. Sie fand auf dem Schloss zu Gotha statt, nachdem die Handlung von Georg Benda in Musik gesetzt worden war.[26] Die Resonanz auf das erste Melodrama war bemerkenswert

[26] Vgl. Wolfgang Schimpf: Lyrisches Theater – Das Melodrama des 18. Jahrhunderts, Göttingen 1988, S. 17 oder auch: Ulrike Küster: Das Melo-

gut und ab diesem Zeitpunkt folgten Hunderte von Nachahmern. So lautete eine Rezension voller Begeisterung:

> Es wurde durch die Vorstellung des musikalischen Duodramas *Ariadne auf Naxos* (...) die deutsche Bühne mit einer neuen Gattung des Schauspiels bereichert, das um so merkwürdiger ist, da bis jetzt sich dessen keine der ausländischen Bühnen rühmt, und es in Ansehung der Rührung und seiner erstaunliche Wirkung, von der nur Zuhörer sich deutliche Begriffe machen können, dem stärksten, was man davon auf dem Theater kennt, an die Seite gesetzt werden muss. (...) Wer das Langweilige der einfachen Rezitative und das Unangenehme der bei Arien unvermeidlichen Unverständlichkeit des Texts gefühlt hat, wird schon darin einen großen Vorzug finden, dass hier der Schauspieler seine ganze Stärke im Deklamieren, das ganze Feuer seiner Aktion (...) anbringen kann.[27]

Neben der Haltung zum Gesehenen, also der Begeisterung für das Stück und der Begrüßung eines neuen Genres, zeigen sich bereits in dieser Bewertung eines Zeitgenossen weitere Elemente, die den zeitgeschichtlichen Kontext und das darin enthaltene ästhetische Verständnis kennzeichnen: Leicht herauslesen lassen sich eine gewisse Fremdheit des neuen Genres, eine Art Nationalstolz darüber, eine neue und vor allem deutsche Gattung hervorgebracht zu haben und die Abgrenzung gegenüber der unverständlichen Oper. Das Melodrama etabliert also somit ein neues Verhältnis zwischen Text und Musik, womit ein Wandel der schauspielerischen Technik und Praxis einhergeht. Besonders aber hebt der Zuschauer die enorme Kraft zur Rührung hervor.

Diese herausgestellten Erscheinungen – es ist immer schon eine Aussage, welche Elemente zur Sprache kommen – stehen in offensichtlichem Zusammenhang mit der geistesgeschichtlichen Bewegung der Aufklärung im Deutschland des 18. Jahrhunderts. Wie ist das Melodrama mit dem sozial- und geistesgeschichtlichen Kontext aber genau verwoben? Die oben zitierte Kritik des Zeitgenossen reißt die wichtigsten Faktoren bereits unbewusst an: Der Zusammenhang zeigt sich besonders in der Abgrenzung zur Oper und dem damit einhergehenden Nationalstolz. Für die Ideale der Tugend und Sitte, die im ‚Theater als sittlicher Anstalt' höchste Wich-

---

drama – zum ästhetikgeschichtlichen Zusammenhang von Dichtung und Musik im 18. Jahrhundert, Frankfurt/ Main 1994, S. 200.

27 Zitiert in Schimpf 1988, S. 26.

tigkeit genießen[28], ist die Oper eine große, „Gefahr", aber beim Publikum durchaus beliebt. Die Oper, die ein Bild des italienischen Nationalcharakters von „Wollust, Liederlichkeit und Seichtigkeit" statt „Moralität, Sittlichkeit und Bedeutungsfülle" transportierte, wurde in der Theorie von Verfechtern der Moral und Erziehung stets neu polemisiert.[29] Nicht nur von Italien und der unterhaltsamen Oper wollte man sich absetzen, das Melodrama wird als deutsche Innovation betrachtet: Zwar war die lyrische Szene im rezitativen Stil mit musikalischen Intermezzi von Jean Jaques Rousseau unter dem Titel *Pygmalion*[30] aus dem Jahre 1762 in einigen Teilen Deutschlands bekannt, aber nicht anerkannt. Man berief sich als Quelle lieber auf die ‚Alten'. Man sah

> [d]as Melodrama als Nachfahre der in der Antike praktizierten musikbegleitenden Textrezitation, das deutsche bürgerliche Theater mithin als Erbe des griechischen Theaters: eine Traditionslinie, in der sich mancher Nationaltheater-Theoretiker gerne sieht, gilt doch das antike Drama als signifikanter Ausdruck der gesellschaftlichen Identität der ‚Alten', als historische Phase der Übereinstimmung von Kultur und Mentalität.[31]

Die Schöpfung Melodrama und der oben mit Nationalstolz beschriebene Hang zum genuin deutschen Theater ist eng verwoben mit dem neuen Selbstbild des Deutschen als Bürger. Angestrebt wurde diese lang vergangene, für das antike Athen charakteristische Übereinstimmung von Kultur und Mentalität.[32] In diesem Zusammenhang lohnt es sich auch zu erwähnen, dass das Musiktheater durch das Melodrama eine Art Demokratisierung erfahren hat,

---

28 Dazu Bushuven/ Huesmann 1999, S. 229: „Das Theater wird zum Ort gesellschaftlicher Symbolproduktion, und parallel zur sukzessiven und erfolgreichen Institutionalisierung und Sittenschule internalisiert der Zuschauer in zunehmendem Maße die ‚vor-gestellten' Normen und Werte."

29 Vgl. Bushuven/ Huesmann 1999, S. 231.

30 Vgl. Schimpf 1988, S. 17.

31 Bushuven/ Huesmann 1999, S. 238.

32 An dieser Stelle kann weder auf die Antikenbegeisterung und ihre politischen Implikationen in Deutschland noch auf den Rückgriff auf die antike Formensprache während und nach der Französische Revolution eingegangen werden und müssen als Schlagworte stehen bleiben. Eine sorgfältige Nachzeichnung und Deutung – für das Zweitgenannte, das auch Deutschlands Ideengeschichte der Zeit erhellen kann - liefert Baxmann in ihrer Analyse der Feste der Französischen Revolution. Inge Baxmann: Die Feste der Französischen Revolution – Inszenierung von Gesellschaft als Natur, Weinheim/ Basel 1989.

schließlich wurde es dank seiner unkomplizierten Ausstattung und Kürze nicht mehr nur wie die Oper an Höfen gespielt, sondern auch von Wandertruppen in Städten und Dörfern.[33]

In den philosophischen Debatten hielt man das Theater also für pädagogische Zwecke durchaus geeignet, allerdings bargen die verschiedenen Elemente der Aufführung wie Licht, Dekoration und vor allem die Musik doch ein großes Risiko für das rationale Verstehen und sollten daher in eine Ästhetik gebannt werden, die die Rezeption des bürgerlichen Publikums in sinnvolle Bahnen lenkte. Das musikalische Theater erfuhr eine Disziplinierung, die es unter denselben Dienst wie das bürgerliche Trauerspiel stellte: den Sinn und die Vernunft, die sich über die Sprache, nicht über die visuellen, affektiven Einheiten der Aufführung vermitteln. Ihre Wirkung sollte genau vorhersehbar sein; der undistanzierte ‚Taumel der Gefühle'[34] sollte intellektueller Reflexion weichen.

> (...) bekannt sind die Versuche des bürgerlichen Theaters, das Burleske, Obszöne, das vermeintlich Chaotische und Undisziplinierte von der Bühne zu vertreiben, um sie dann zu einem Ort der Identität und Identifikation (...) werden zu lassen. Das Groteske wird ebenso wie die lustigen Figuren, das überschwängliche Lachen ebenso wie die alte Spieltradition vom Theater verbannt. Es bleibt das große Zauberwort ‚Vernunft', welches trotz seiner großen Krise im Sturm und Drang bis zur Romantik eigentlich unangefochten mit seine dramentheoretische und ästhetischen Attributen der Wahrscheinlichkeit und der Mäßigung triumphiert.[35]

Hier wird offensichtlich: Der ‚Nationalstolz' und die Abneigung gegen Frankreich und Italien zeigen auch die Angst vor dem ‚Anderen der Vernunft', das in unterhaltsamen Gattungen wie der Oper durchzubrechen und den klaren Gedanken der Vernunft zu trüben droht. Hinter der Gattung Melodrama steht also nicht nur ein ästhetischer Diskurs, sondern auch ein politisch-pädagogischer und vor allem ein philosophischer. Die Errungenschaft der Vernunft bringt, wie Horkheimer und Adorno herausgestellt haben, ihr Gegenteil erst hervor. Das Andere ist dann alles, das sich die Vernunft nicht aneignen kann: der Leib, die Gefühle, das Begehren. Beginnend in der Renaissance und formuliert unter anderem von Kant wird eine neue Identität Mensch als Bürger etabliert, die sich auf der fiktiven Dichotomie Vernunft und Gefühl gründet. Binäre Systeme wie diese

33 Vgl. Schimpf 1988, S. 41/ 42.

34 Bushuven/ Huesmann 1999, S. 235.

35 Bushuven/ Huesmann 1999, S. 230.

Trennung oder auch die von Körper und Geist sind in der Geschichte der Philosophie nicht neu - und diese Ideen werden noch in Bezug auf die Bilder von Sherman zu bemerken sein – aber die Trennung in Vernunft und Gefühl hat hier eine wichtige theaterästhetische Funktion und ist die inhärente Struktur des Melodramas im 18. Jahrhundert. Mit dem neuen bürgerlichen Selbstverständnis und dessen philosophischen Richtlinien geht ein bestimmtes Bild von Wirklichkeit und somit eine neue Dramen- und Theaterästhetik einher, die dieses Bild transportieren und behaupten soll.

> Die Ausbildung der neuzeitlichen Vernunft ist (...) ein Prozess der Demarkation, Selektion und Umschichtung. Wir nennen ihn Aufklärung, als handelte es sich bloß um eine Klärung darüber, was ist. In Wahrheit geht es um die Definition von Wirklichkeit, um die Reorganisation der menschlichen Konstitution, die Neubestimmung politischer Legitimität.[36]

Diese Neuordnung und Diskursivierung des Wirklichkeitsverständnisses bringt den aufgeklärten Bürger natürlich in eine Zwangslage der Verdrängung und Affektbeherrschung – wie es aus psychoanalytischer Sicht teils zu Recht beurteilt wird. Die ständige Verbannung des Irrationalen schafft erst das Unheimliche, schafft eine Fläche des Unterdrückten. Diese irrationale Fläche – um auf den theaterhistorischen Kontext zurückzukommen – steht mit der Musik und anderen Elementen der unterhaltenden Kunst wie der derzeitigen Oper weitaus stärker in Verbindung als mit dem Bürgerlichen Drama und der gemäßigten Spielweise. Denn nicht nur von anderen Nationen und Gattungen will man sich abgrenzen, sondern auch von der Vergangenheit, dem barocken Deklamationsstil. Dem pathetischen Spielstil wird der ‚natürliche', gemäßigte entgegengesetzt, wobei die Natürlichkeit eine diskursive Fiktion ist, geht ihr doch enorme künstlerische Reflexion voraus, man denke an die Schriften Diderots, z.B. *Le paradoxe sur le comedién* in Frankreich, und Lessings in Deutschland.[37]

---

36 Hartmut und Gernot Böhme: Das Andere der Vernunft – Zur Entwicklung von Rationalitätsstrukturen am Beispiel Kants, Frankfurt/ Main 1983, S. 13.

37 In ihrer Studie zum Theater der Aufklärung zeichnet Erika Fischer-Lichte die Entwicklung vom ‚künstlichen' zum ‚natürlichen' Zeichen nach und zieht zwischen Frankreich und Deutschland Ähnlichkeiten und Unterschiede. Sie bindet die Theatertheorie der Zeit in ein neues Weltverständnis ein und macht die Beweg- und Hintergründe transparent. Erika Fischer-Lichte: Semiotik des Theaters – vom ‚künstlichen' zum ‚natürli-

Ein weiteres wichtiges Merkmal, das bei einer Analyse des Melodramas nicht übergangen werden darf, ist das Verständnis von ‚Weiblichkeit'. Die imaginative Trennung des vernunftbegabten Bürgers von Natur und Frau macht einen Verlust fühlbar und erzeugt einen Trennungsschmerz: Während die Natur durch Reflexion und Berechnung[38] in einer neuen ‚sentimentalischen Weise'[39] erfassbar ist, ist es das Weibliche niemals. Es bleibt das abgetrennte Glück des vermeintlich omnipotenten bürgerlichen Erkenntnissubjekts:

> Getrennt vom Leib, dessen libidinösen Potenzen Bilder des Glücks hätten entnommen werden können; getrennt von einer mütterlichen Natur, die die archaische Imago symbiotischer Ganzheit und nutritiver Behütung enthielt; getrennt vom Weiblichen, mit dem vermischt zu sein was zu den Urbildern des Glücks gehörte, erzeugte die Philosophie der bilderberaubten Vernunft nur das grandiose Bewusstsein einer prinzipiellen Überlegenheit des Intelligiblen über die Natur, über die Niedrigkeit von Leib und Frau.[40]

Dieser Idee folgend ließe sich ‚Frau' anstatt auf die Seite der vernünftigen Sprache eher in die Reihe der ‚anderen' theatralen Mittel wie Musik und Bewegung einreihen. Die Aufwertung der Musik und des Visuellen im Melodrama ist also eng mir der Frage nach den Geschlechtern verwoben. Wie genau verbinden sich die abgegrenzten Gegensätze zu Mann, Sprache und Vernunft im Melodrama? In wie weit beeinträchtigt oder verschiebt es den natürlichen Schauspielstil? Ist das Melodrama im Verhältnis zum ‚vernunftma-

---

chen' Zeichen. Theater des Barock und der Aufklärung, Bd. 2, Tübingen 1995.

38 Die Erfindung der perspektivischen Malerei in der italienischen und später ganz-europäischen Renaissance führt zu einem zentralistischen Herrscherblick des Menschen/ Künstlers, der für die gesamte Neuzeit paradigmatisch ist und noch unseren Blick auf die Welt strukturiert.

39 Böhme/ Böhme (S. 27) über ein literarisches Beispiel zur Kindeserziehung bei Rousseau, gedanklich verbunden mit Schiller: „Emil soll lernen, sich zu merken, wo die Sonne auf- und untergeht, sich Gedanken über die Sonnenbewegung und andere Gestirnsbewegung zu machen, soll lernen, sich im Gelände zu orientieren, soll messen, zählen, wiegen, vergleichen lernen. Er gewinnt dadurch Abstand, und erst aus diesem Abstand heraus mag er dann sehnsüchtig und empfindsam die Natur wiederentdecken. Schiller nennt diese Erfahrung der Natur sentimentalisch." Diese Art der Naturerfahrung impliziert eine naturbeherrschende Empfindsamkeit, eine rationale Anbindung.

40 Böhme/ Böhme 1983, S. 23.

ximalen', ästhetisch-optimalen Bürgerlichen Schauspiel vielleicht sogar subversiv, indem es diese verborgene Struktur der Abgrenzung sichtbar macht? In diesem Diskurs der Abgrenzungen und fiktiven Gegenübersetzungen bewegt sich das Melodrama.

## 2.2 Melodrama als ,Seelengemälde': zur Lesbarkeit des Körpers und ,Bilder' der unsichtbaren Gefühle

Zwei wichtige Beobachtungen des Zuschauers bei der Uraufführung von *Ariadne auf Naxos* in Gotha, nämlich die der Fremdheit und der Rührung sind in der Beschreibung der philosophischen Umstände bei weitem nicht erschöpft. Sie bedürfen einer tieferen theaterästhetischen und soziokulturellen Analyse.

### 2.2.1 Das *Melo*-Drama als künstlerische Innovation: der situative Stoff und die Tautologie von Musik, Aktion und Gefühl

Die Befremdung, die das Melodrama in jeder seiner Phasen ausgelöst hat – auch im England des 19. Jahrhunderts, wo es in anderer Ausformung eine neue Blüte erfährt – ist das Resultat aus der innovativen Verknüpfung scheinbar heterogener Elemente. Tragisches und Komisches werden im Melodrama des 19. Jahrhunderts nicht als Tragikomödie, sondern in einer Weise vereint, die im Verlauf der Arbeit noch konkretisiert werden soll. Die Verwunderung lag sowohl im 19. als auch im 18. Jahrhundert an seiner kombinatorischen Form: seiner Eigenart als genus mixtum. Im Kontext des späten 18. Jahrhunderts sind *melos* und *drama* im wörtlichen Sinn, aber sinngemäß auch die ,Sprache und ihr Anderes', vereint. Kennzeichnend für das klassische Melodrama sind

> (...) der Wunsch nach einer dramatischen Oper und das Bemühen um eine Lyrisierung des Schauspiels ebenso wie Versuche eines gräzisierenden Klassizismus, aber auch das zunehmende Interesse am Wesen der Psyche. Eine solche Vielzahl ästhetischer Anknüpfungspunkte wurde durch die lyrisch-dramatische Doppelnatur der Gattung ermöglicht.[41]

Schimpf macht hier auf den kombinatorischen und selektiven Wesenszug des Melodramas aufmerksam. Er deutet an, wie aus der oben skizzierten vernunftbedingten Trennung von Körper (nach Descartes *res extensa*) und Seele das Interesse an der Wechselwirkung beider erwächst. Ob Lyrisierung der geeignete Begriff für die ,nichtdramatische' Seite des Melodramas ist, bezweifle ich; so impliziert er zwar eine gewisse Musikalisierung und Rhythmisierung sowie

41 Schimpf 1983, S. 187.

eine starke Bebilderung der Sprache, kann damit aber nur einen Bruchteil der Performativität des Melodramas erfassen. Allerdings erwähnt Schimpf an anderer Stelle den Librettocharakter des Melodramas und macht dessen Eigenart sichtbar, besonders stark auf eine Aufführung ausgerichtet zu sein. Das Libretto eines Melodramas hat drei Spalten: eine für Musikangaben, eine für die szenische Aktion und Stimmung, die dritte für die Zeitspanne der Stimmung. Der tatsächlich lyrisch anmutende Anteil des Melodramas ist der Stoff. Er ist meist rein situativ und statisch und um eine Person gebaut. So handelt z.B. *Ariadne auf Naxos*, der Prototyp des Melodramas, von dem Moment, da Ariadne sich selbst als Verlassene realisiert und auf ihr Schicksal reagiert. In der Exposition des Stücks schildert Theseus kurz sein Vorhaben, Naxos zu verlassen, und die Haupthandlung des Melodramas besteht aus der Klage der Verlassenen:

> Dieser Auftritt erst, Ariadnes Klagemonolog, ist das Zentralstück des Stückes. In ihm wird die Disposition des Stoffes zum Elegischen virtuos entfaltet. Dramatische Motive dagegen treten ganz in den Hintergrund, dienen nur der Minimalmotivierung der Handlungsentwicklung. Das so durch Abstraktion zu gewinnende Strukturmodell der Gattung ist die dramatisierte Elegie.[42]

Aus dieser Handlungsarmut des Lyrischen, das fast an ich-perspektivische moderne, expressionistische Literatur erinnert, ergibt sich ein monologisches Übergewicht, und das Melodrama wird ein Spiegel der inneren Gefühlslagen. Daraus resultiert auch die Kürze der Stücke, da die Impulse von außen fehlen, die die Handlung vorantreiben könnten.

> Das lyrische Motiv löst nicht eine logische oder chronologische, sondern eine intuitive Entwicklung aus und ist vorwiegend statisch, weil Lyrik einen Ausschnitt aus Zeit und Raum als Momentaufnahme einfängt.[43]

Die Pseudo-Handlung des typischen Melodramas beschränkt sich demnach auf eine „Gradation der Empfindungen“, einen „Stufengang der Leidenschaften“[44], der von Verzweiflung, Ausweglosigkeit und Trauer bis zur Wut, Raserei und Todessehnsucht reichen kann. Der rasche und abrupte Wechsel der emotionalen Verfassungen, der sich unter dem Begriff der Bipolarität der Gefühle, dem Hin- und Hergerissensein der Protagonistin zwischen Zärtlichkeit und Hass,

---

42 Schimpf 1983, S. 155.
43 Schimpf 1983, S. 154.
44 Schimpf 1983, S. 138.

zusammenfassen lässt, soll in Kapitel 3 noch einmal aufgegriffen werden, da sich das Phänomen besser im direkten Vergleich mit dem natürlichen Schauspielstil des Bürgerlichen Trauerspiels erklären lässt. An dieser Stelle ist lediglich von Bedeutung, dass der Stoff als Synthese aus Musik und Bewegung, in der die Sprache fast gänzlich zurückgedrängt ist, einen performativen statt handlungsorientierten Schwerpunkt hat und das Visuelle ein wichtiges Mittel zur emotiven Wirkung auf den Zuschauer ist, die einen ideologischen Hintergrund hat, nämlich Werte zu stabilisieren. Diese Momente der Raserei und Verzweiflung werden in einer Art *locus terribilis*, man denke an Naxos als kahle Steininsel, mit Abgründen und kalten Felsen in gewittrigem Ambiente und ständiger Gegenwart des Todes[45], gedoppelt und ihnen wird ein *locus amoenus*, der in Momenten der Ruhe und Melodie veranschaulicht/ fühlbar gemacht wird, gegenübergestellt: Dieser ist in der Erinnerung an die vergangene Liebe, das einstige Glück anwesend und in Hoffnung darauf, dass es sich noch einmal wiederholen möge. Der Handlungsort vergegenwärtigt/ illustriert als Bühnendekoration die Trostlosigkeit der Situation und die Zerrüttung der Protagonistin, während der *locus amoenus* abwesend und nur über die Körpersprache, Musik und Worte erkennbar ist. Aus dieser Konstellation ergibt sich ein Eindruck von Tiefe, meint Seele, der durch die Musik verstärkt wird. Sie schafft Flächen für die affektive Beteiligung des Zuhörers/ Zuschauers, erzeugt den Subtext, der das eigentliche Zentrum des Melodramas bildet. Wie man in der direkten Gegenüberstellung noch genauer sehen wird, unterscheidet sich das Melodrama nicht nur durch die antikische Anmutung und die Personae vom Bürgerlichen Trauerspiel, sondern auch vehement in seinem Handlungsort und Rezeptionsideal. Das Inventar des *locus terribilis* statt der bürgerlichen Wohnstube oder des Adelshauses findet seine theoretische Begründung vor allem in der gedanklichen Ausarbeitung von Burke[46], der kurzzeitig stark rezipiert wurde und einen Wandel in der Thea-

---

45 In ihrer Untersuchung des Melodramas beschreibt Ulrike Küster sehr ausführlich die Merkmale des *locus terribilis*-Motivs in Melodramen. Ulrike Küster: Das Melodrama, zum ästhetikgeschichtlichen Zusammenhang von Dichtung und Musik im 18. Jahrhundert, Frankfurt 1994, S. 153ff.

46 „In seiner 1757 in London erschienenen Schrift *A Philosophical Enquiry into the Origin of our Ideas of the Sublime and Beautiful* faßt Burke die Elemente des 'Nicht-mehr-Schönen', von zum Teil völlig heterogener Natur, unter der Kategorie des Erhabenen zusammen, als dessen Kraft die emotive Kraft gilt." Küster 1994, S. 99.

terästhetik der Zeit bewirkt hat. Er liefert ein frühes Beispiel für einen zuschauerorientierten Ansatz der Ästhetik, der *alle* Mittel des Theaters mit einbezieht. Burkes Intention ist nicht das Erfreuen des Zuschauers am Schönen, Wahren und Guten, die rationale Einsicht in Harmonie und göttliches Gleichgewicht, sondern das Erschauern, der Schrecken; denn er war der Meinung, dass Schmerz weitaus stärker wirke als das Vergnügen („that the idea of pain, in its highest degree, is much stronger than the highest degree of pleasure.").[47] Er bezieht alle anthropologischen Grundgedanken in seine Theorie mit ein:

> Dabei fasste er (...) die Sympathielehre der Moral Sense-Philosophie und die Psychologie der Selbstliebe (...) zusammen. So wurde das aus der Schönheit resultierende Vergnügen auf die gesellschaftlich-anthroplogische Dimension bezogen, das Schrecken auslösende Erhabene hingegen mit dem Selbsterhaltungstrieb, mit der egoistischen Seite des Menschen, in Verbindung gebracht. Gefährdung der Selbsterhaltung führt zu Schmerz. Wird die Selbsterhaltung jedoch nicht ernsthaft bedroht, so erfolgt aus dem Gefühl des Schmerzes ein ‚Frohsein' und bewirkt die Idee des Erhabenen.[48]

Nicht nur psychologische und anthropologische Bedingungen bringt Burke in seine Überlegung mit ein, sogar physische Faktoren werden berücksichtigt; so ist seine Theorie ein ganzheitlicher Ansatz zum menschlichen Empfinden.

> (...), das Erhabene führe zu einer Anspannung der Muskeln, womit eine entsprechend heftige Erregung der Nerven verbunden sei, wohingegen das Schöne eine Erschlaffung der Fasern bewirke. Diese physiologisch-physische Begründung dokumentiert Allgemeingültigkeit hinsichtlich des Geschmacksurteils.[49]

Auch aus dieser Perspektive wird noch einmal deutlich, welche Absicht hinter der Unternehmung Melodrama steht: nicht nur eine emotive Wirkung beim Zuschauer zu erzeugen, sondern auch eine Allgemeingültigkeit zu erzielen, also dieselbe Emotion bei jedem auszulösen. Das Repertoire an melodramatischen Gefühlen, auf das später noch zurückzukommen sein wird, hat hier in dieser Zeit der Erforschung der Wirkungen, Reflexionen und Katalogisierungen seinen Ursprung. Und es transportiert sich nicht in sprachlichen,

---

47 Zitiert in: Küster 1994, S. 99.

48 Küster 1994, S. 100.

49 Küster 1994, S. 101.

sondern über bildliche und musikalische Kanäle. Aus dieser intendierten Eindeutigkeit resultiert die ständige Doppelung und Tautologie, die für das Melodrama so typisch sind.
Mit dem erklärten Ziel der emotiven Wirkung auf den Zuschauer geht auch in der Musik ein Paradigmenwechsel einher: Die Gefühle sollten durch die Musik verstärkt, nicht illustriert werden. Dieses Phänomen lässt sich an einem Beispiel aus der komischen Oper gut erklären:

> Wenn (...) Hiller in der Jagd während des Sturms eine wilde rauschende Symphonie spielen lässt, so geschieht dieses nicht, um das Sausen und Brausen des Windes auszudrücken, sondern um bey dem Zuhörer dieselbe Empfindung zu erregen, die ein Gewittersturm bei ihm erregt.[50]

Soll das Gefühl beim Zuhörer erzeugt werden, muss es natürlich zunächst definiert und dann in Musik übersetzt werden – dieses ‚emotionale' Musikverständnis ist also auch Produkt großer Reflexion – wie der oben angedeutete ‚natürliche' Schauspielstil und die Naturerfahrung. Die musikalischen Affekte erfahren eine Kanonisierung und Diskursivierung, auch wenn sie keine mimetische Grundlage haben. Diese höchst artifizielle musikalische Untermalung ist ein Element des tautologischen Gebildes Melodrama, denn sprachlicher Ausdruck, Dekoration und Musik doppeln sich gegenseitig und wiederholen den situativen Stoff der klagenden Verlassenen.[51]
Den Begriff der Tautologie habe ich bewusst gewählt, da er eine philosophische oder ideologische Implikation hat, die Roland Barthes erörtert hat als etwas, in das man sich

> wie in die Angst, den Zorn oder die Traurigkeit flüchtet, wenn einem die Erklärungen ausgehen. (...) In der Tautologie liegt ein doppelter Mord: man tötet das Rationale, weil es einem Widerstand leistet, und man tötet die Sprache, weil sie einen verrät. (...) Die Tautologie bescheinigt ein tiefes Misstrauen gegenüber der Sprache; man verwirft sie, weil sie einem fehlt. Jede Ablehnung der Sprache bedeutet den Tod. Die Tautologie erzeugt eine tote, eine unbewegliche Welt.[52]

Auf welche Weise eine unbewegliche Welt geschaffen wird, lässt

---

50 Zitiert in: Schimpf 1983, S. 76.

51 So erfährt die Sprache eine Degradierung zu einem von mehreren Zeichen statt die Dominante einer Hierarchie des Sinns zu sein – was ein fast poststrukturalistisch anmutender Grundgedanke von der Gleichwertigkeit der Zeichen ist – die Musik dagegen erfährt eine Aufwertung von einem mimetischen zu einem ‚Gefühlsbegriff'.

52 Roland Barthes: Mythen des Alltags, Frankfurt/ Main 2003, S. 143/ 144.

sich auf inhaltlicher Ebene sehr einfach erklären, ist Ariadne doch durch die ästhetische Geschlossenheit des situativen Kontextes völlig aus der Handlung isoliert und äußere Reize unmöglich; das Drama ‚spielt sich nur in ihrem Kopf ab'. Dass die Unbeweglichkeit noch eine moralische Implikation und Weltsicht beinhaltet, kann das Melodrama des 19. Jahrhunderts – in späteren Kapiteln – eher offensichtlich machen. An dieser Stelle ist interessant, dass die Heldin nicht nur in Bezug auf die eigene Gefühlslage sehr selbstreflektorisch spricht, sondern auch die Umgebung in ihre Fantasien von Rache und Glück mit ein bezieht – dass die Tautologie alle Ebenen, auch die ‚vernünftige' Sprache umfasst. Die ständige Selbstreflexion, Beschreibung des Offensichtlichen und die Doppelung der Zeichen dienen nicht gerade der Idee der Natürlichkeit, der Wahrscheinlichkeit und Notwendigkeit, den theaterästhetischen Postulaten; ihnen ist hier in einem pathetischen Gestus, der eher an barockes Theater erinnert, widersprochen. Der barocke ‚Gestus', der hier schon an der Sprache sichtbar ist, setzt sich auch in der Spielweise weiter fort.[53] Worin liegt also die Natürlichkeit? Das Künstliche, das über sich selbst berichtet, kann es nicht sein.

> Die Möglichkeit, im Monolog Gefühle direkt zu benennen, sind sehr beschränkt. Nicht das reine Feststellen eines ‚ich bebe', ‚mir graust' wirkt situativ angemessen; die Gefühle haben für den der leidet, keinen Namen, sie drücken sich vielmehr aus durch die Art, wie er spricht: durch exklamatorische Sprechhaltung etwa, durch elliptische Syntax, durch die Frageform. Nur indem sie die Semantik der syntaktischen Form stärker zum Ausdruck der Gefühle nutzten, blieben die melodramatischen Dichter in dem Bereich dramatischen Sprechens, der durch die Wahrscheinlichkeitsforderung angesteckt war.[54]

Die Natürlichkeit liegt in der Wahrheit körperlicher Erregung, die kein ruhiges Sprechen ermöglicht, sondern die sich im Beben der Stimme niederschlägt. Erneut steht also die Performativität statt der Sprache (Dialog und Sinn) im Zentrum. Die Sprache oder Sprachlosigkeit des Körpers wird zum Oberflächenschauplatz für eine innere Bewegung. Absicht des Melodrama ist es erklärtermaßen, ein „Seelengemälde"[55] statt einer klar motivierten und sukzessive Handlung zu liefern.

Der eigentliche Ort des Geschehens ist das Innenleben der

---

53 Siehe Kapitel 4.2.2 zur malerischen Bewegung.

54 Schimpf 1983, S. 170.

55 Vgl. Schimpf 1983, S. 61.

> Personen, dessen prinzipielle Unergründbarkeit mit Hilfe der Musik ein Stück weit außer Kraft gesetzt werden soll. Erst in zweiter Linie erscheinen die Figuren als Akteure in einer konkreten Umwelt, die durch Bühnenbild und Nebenpersonen präsentiert wird. Das Verhältnis dieser beiden Ebenen ist das von innerer und äußerer Handlung.[56]

Wie ist aber dieses Verhältnis von innen und außen theaterästhetisch und philosophisch zu verstehen? Wissenschaft und Kunst etablieren dieses neue Verständnis über die Erforschung und Kanonisierung des körperlichen Ausdrucks im 18. Jahrhundert, der noch heute ein nahezu gültiges Repertoire an Bedeutungen liefert.

Abschließend lässt sich zu der durch den Stoff und das Thema (Seelengemälde) bedingten Kürze sagen, dass die berühmte Kurzlebigkeit des Melodramas mit der geringen Variationsbreite zusammenhängt: Als instabile Zwittergattung zwischen Oper und Schauspiel, die sich fast ausschließlich mit dem Thema des Verlassenwerdens befasst, war diese Art von Melodrama eine reine Erscheinung des späten 18. Jahrhunderts, genauer von 1772 bis 1800. Dennoch scheint das 18. Jahrhundert mit dem Melodrama etwas geschaffen zu haben, das aus der Kultur Europas nicht mehr wegzudenken ist, denn das Melodramatische überlebte die Jahrhunderte bis heute – auf der Bühne, auf der Kinoleinwand, im Fernsehapparat und auf dem Fotopapier. Die besondere Wirkungsästhetik, die über Tautologie, Exzess oder überdeterminierte Signifikation nicht nur Verstand sondern den Affekt des Zuschauers/ Betrachters steuern will und dafür auf ein bestimmtes Repertoire an Bildvorgaben zurückgreift, findet sich nämlich als maßgebliches Element unserer Lebenswelt wieder. Dieses ‚Melodramatische' gilt es weiter einzugrenzen.

### 2.2.2 Ethos und Pathos: Empfindsamkeit und Leidenschaft im Kontext bürgerlicher Moral

Mit der Entdeckung der Vernunft und des widerstrebenden Leibes fand die seit Plato kultivierte Trennung von Körper und Seele eine komplizierte diskursive Ausprägung, mit der andere Dualismen eng verbunden sind. Um diese Diskrepanz zwischen dem Gefühl, das man ideell mit dem unberechenbaren Körper in Verbindung brachte, und dem Verstand zu überbrücken, erfand das 18. Jahrhundert eine Form des Diskurses zur ‚Empfindsamkeit', die das Fühlen wieder in einen ganzheitlichen Kontext bringen sollte. Nikolaus Weg-

---

56 Schimpf 1983, S. 119.

mann bringt diesen Diskurs richtiger Weise in einen politischen Kontext und erläutert, dass Rationalität und Empfindsamkeit nichts als die zwei Seiten derselben Medaille seien.[57] Er erklärt, dass das Interesse an der Rhetorik in dieser Zeit erheblich stieg: Man erforschte die politische Nutzbarkeit der Redekunst, die durch Argumentation den Verstand des Bürgers anregt, ihn aber mit ihrer Performanz auch suggestiv beeinflussen kann. Wie man also unbewusst die affektive Teilnahme des Zuhörers zu gewinnen und seine Meinung zu lenken vermag, waren die zentralen Fragen. Begriffe, die aus der Rhetorik stammen und für die Erläuterung des Melodramas in seinem historischen Kontext gebraucht werden können, sind *pathos* und *ethos*. Analog zu diesen beiden emotionalen Redefunktionen gehören das Bürgerliche Trauerspiel und das Melodrama zusammen.

Während *pathos* die heftige Gefühlslage in Gegenstand, Schilderungsart und Wirkungsabsicht beschreibt, soll *ethos* eine wesentlich subtilere Wirkung hervorrufen: statt Hass, Zorn, und Furcht umfasst es eher sanfte Affektlagen.[58] Die Charaktere der bürgerlichen Literatur – das versteht sich von selbst – sind also eher im Bereich des *ethos* angesiedelt. Das *ethos* erfährt eine Aufwertung und damit einhergehend wird die Rührung statt der Bewunderung von Helden zur obersten Wirkungsintention erhoben.

> Das neue Tugend- und Rührungsideal verlangt nach neuen Gegenständen und Themen für die Bühne. Was ehedem noch dem psychologischen Programm des *pathos* folgte - die Fürsten und Königshöfe samt ihren heroischen, siegreich allen Anfeindungen trotzenden (Helden-)Charakteren – wird nun ersetzt durch Familie und Freundschaft als bevorzugte Orte reiner Menschlichkeit. [59]

Das *ethos* übersetzt also das neue bürgerliche Selbstverständnis auf eine ästhetiktheoretische Ebene und transportiert über die Fiktionen der Kunst ein neues moralisches Ideal: das der zärtlich-sanften Liebe, das nach Wegmann wiederum in einem sozialpolitischen Kontext zu verstehen ist.

> Nur unscharf von der gleichfalls hoch geschätzten Sympathie als dem sanft-verbindlichen Zugehörigkeitsgefühl zum Mitmenschen abgegrenzt, avanciert dieses Konzept einer sanften und milden Liebe jetzt zur ersten Leidenschaft. Sie ist es, die den Menschen über alle egoistischen Interessen

---

57 Vgl. Wegmann 1988, S. 32.

58 Vgl. Wegmann 1988, S. 34.

59 Wegmann 1988, S. 36.

> hinweg mit Macht an sein soziales Wesen erinnert: genau in dieser Eigenschaft rückt die zur zärtlich-sanften Liebe (...) ausgeschriebene *ethos*-Tradition der Rhetorik ins Zentrum des Empfindsamkeitsdiskurses.[60]

Da man nur im familiären Bereich zärtlich sein kann, weil Nähe die Voraussetzung von Zärtlichkeit ist, ist es nicht verwunderlich, dass nun die Familie Schnittfläche von Politik, Moral und Ästhetik wurde. In ihr bündelten sich neue Ideale und Lebensentwürfe, die nicht zuletzt über den Fiktionsraum Theater wiederholt und bestätigt werden. In der Familie wird die soziale Fähigkeit zum zwischenmenschlichen Umgang geschult. Das Ideal produziert erneut eine binäre Trennung: Politisch und Privat werden in ihrer neuen Definition erst als Gegensätze konstruiert und dann in ein bestimmtes diskursives Verhältnis gebracht. Dass dabei die private Sphäre besonders im 19. Jahrhundert, im Zeitalter der Industrialisierung, die weibliche Sphäre wird, hat hier seinen Ursprung. Zunächst ist es aber wichtiger den Vater als Zentralfigur zu charakterisieren: Le pére de famille (Diderot), der über die familiäre Ordnung Kontrolle behält und in den Dramen, z.B. von Rousseau, Diderot, aber auch Schiller und Lessing, die vollendete Sitte personifiziert, gegen die sich aufzulehnen sinnlos oder nur zeitlich begrenzt sein kann. Dass ein Empfindsamkeitsideal nicht nur die private und öffentliche Sphäre definiert, sondern auch die Sinnlichkeit erheblich einschränkt und als dualistisches Fiktiv inszeniert, macht Wegmann an anderer Stelle deutlich.

> Das Unkontrollierte – und nicht zu kontrollierende – der passionierten Liebe, ihr Hinwegschießen über alle gesellschaftliche Konvention sowie (...) ihre erotisch-sexuelle Seite, ihre Neigung zu den ‚dunklen Begriffen', den gefährlichen ‚Pausen der Vernunft bei der Liebe', kollidiert scharf mit einer sehr viel gemäßigteren und ‚unsinnlich' konzipierten Zärtlichkeit. Sie hält es mehr mit der Vernunft, bescheidet sich mit Mäßigung und (Selbst-)Kontrolle, was schon so weit geht, dass fraglich wird, ob die Zärtlichkeit überhaupt noch einen Affekt benennt.[61]

Literarische und dramatische Musterbeispiele des Tugendideals und zärtlichen Charakters sind z.B. Schillers Ferdinand und Luise oder auch Lessings Emilia Galotti und Odoardo. Sie treten – dem *ethos* nicht dem *pathos* gemäß – ohne inneren Konflikt in Erscheinung, alle

---

60 Wegmann 1988, S. 36.

61 Wegmann 1988, S. 42.

Konflikte sind äußerliche Kollisionen mit Resten der alten Ordnung, der Aristokratie oder Misstrauen gegen die Tugendhaftigkeit des Gegenübers. Dass diesem ethischen Grundverständnis im Melodrama ein pathetisches entgegenwirkt, zeigt die Gegenüberstellung von Bürgerlichem Trauerspiel und dem Melodrama in Kapitel drei.

### 2.2.3 Physiognomie und Natürlichkeit: der Körper als diskursives Feld von Ästhetik, Philosophie und Politik

Da Tugend eine abstrakte Charaktereigenschaft ist, braucht sie den Körper, um sich zu artikulieren und den Umgang der Menschen miteinander zu ermöglichen. Es ist also logische Folge[62] oder Randerscheinung des allgemeinen Interesses an den ‚Dingen der Welt',

---

62 Der Körper steht in vielerlei Hinsicht im Zentrum der Entwicklung neuer Lebensbedingungen. Nicht nur aus dieser ‚positiven' Perspektive der freiwilligen Anpassung an ein Ideal der Philosophie, mit Hilfe derer man sich in der kapitalistischen Gesellschaft orientieren kann, lässt sich die Konditionierung des Körpers erklären. Auch aus einer Angsthaltung heraus entsteht ein ‚neuer Körper': Peter Brooks, der sich vor allem mit dem literarischen Melodrama des 19. Jahrhunderts in Frankreich und England beschäftigt hat (seine Ausarbeitung *The Melodramatic Imagination – Balzac, Henry James, Melodrama and the Mode of Excess* ist nach wie vor wichtige Bezugsgröße und wird auch in dieser Untersuchung zu ihrem Recht kommen), hat auch einen Beitrag zur Forschung über Körper und Aufklärung geleistet.
Indem er die Französische Revolution zum Ausgangspunkt des Melodramas erhebt und Gedanken Elias' und Foucaults mit ein bezieht, macht er sichtbar, dass ab diesem Moment der gesellschaftlichen und theologischen Umwälzung ein Wandel des Körperverständnisses einhergeht: das neue Subjektverständnis nach Rousseau und angesichts des Terrors unter Saint-Just und Anhängern erwuchs ein neuer Körperschutzmechanismus als Schutz der eigenen Identität: „The work of Norbert Elias (in *The Civilizing Process*) and Michel Foucaults (especially *Discipline end Punish*), however different in premises, converges in the sense that the modern body is subject to increased control and discipline: from table manners to prison regimes, from the public covering of bodily parts to the new architecture of domestic privacy, modernity brings a new sense of the limitations imposed upon the uses of the body. The French Revolution marks a symbolic and a real, nexus for a self – controlled autonomous body, since the person – that relatively new concept, so much indebted to Rousseau, the individual, which could only be identified by the way of individual body – was held accountable in new ways." In: Peter Brooks: Melodrama, Body, Revolution, in: Melodrama – Stage, Picture, Screen, hg. von Jacky Bratton/ Jim Cook/ Christine Gledhill, London 1994, S. 12.

dass die Physiognomie eng verwoben mit der Seelenkunde zum Gegenstand philosophischer Reflexion wird. Besonders in der zweiten Hälfte des 18. Jahrhunderts und spätestens seit Lavaters *Physiognomischen Fragmenten*, steigt das Interesse für die Bedeutsamkeit der körperlichen Proportionen und natürlich an der Pantomime für die Darstellungen auf der Bühne.

> In geselligen Runden maß man sich Ohren, Nase und Stirn ab, um seinen Charakter am Kopf, am Gesichtsbau und an der Mimik nach den Lavaterschen Kriterien zu erforschen.[63]

Das 18. Jahrhundert ist also wichtige Bezugsgröße in der Frage nach der Repräsentation: In der Physiognomie und Seelenkunde wird der Körper nicht nur anatomisch erfasst, sondern auch Bedeutsamkeit und Ausdruck werden katalogisiert. Eine diskursive Festlegung, die eigentlich kulturell spezifisch verstanden werden müsste, begreift den Körper und seine Sprache als eine ahistorische und immer gültige Gegebenheit. Der Körper – und hier schneidet sich der philosophische Diskurs erneut mit der Schauspieltheorie – ist als das Theater der Seele[64] zu verstehen: Die westliche Kultur des Dualismus Körper und Seele, innen und außen, Oberfläche und Tiefe bekommt eine neue Dimension, die sich vom christlichen Bild der unsterblichen Seele und des vergänglichen Körpers mit dem Schritt aus der Neuzeit bis ins 18. Jahrhundert fortlaufend bis in die Postmoderne weiterentwickelt. Eine Wissenschaft zur Lesbarkeit des Körpers wird geboren, Menschenkenntnis zum detektivischen Akt der Aufdeckung verdeckter aber evidenter Merkmale – besonders im Melodrama des 19. Jahrhunderts wird diese Lesbarkeit des Körpers eine zentrale Rolle innehaben. Eine Katalogisierung des Körpers wurde über Beispielskizzen, anatomische Studien und Buchillustrationen vorgenommen, die dann als neues bürgerliches Körperideal kursierten. Ein Beispiel bildet die Stichserie Daniel Chodowieckis, die 1779 als Taschenkalender eine große Auflage hatte und die laut Auftrag des Redakteurs Georg Christoph Lichtenberg „natürliche und affectirte Handlungen des Lebens" oder „Scenen aus dem Schauspiel, das wir täglich ansehen, und in welchem wir nicht selten mitspielen" beinhalten sollten.[65] Szenen also, die den Bürgern Anleitung und Identifikationsmomente böten, waren erklärtes Ziel

---

63 Ilsebill Barta: Der disziplinierte Körper – Bürgerliche Körpersprache und ihre geschlechtsspezifische Differenzierung am Ende des 18. Jahrhunderts, in: Dies. (Hg.), Frauen – Bilder – Männer – Mythen, Berlin 1987, S. 85.

64 Barta 1987, S. 86.

65 Vgl. Barta 1987, S. 84.

des Taschenkalenders; nicht die realistische Gestaltung stand im Vordergrund, sondern „ideale Leitbilder und normative Entwürfe weiblichen und männlichen bürgerlichen Verhaltens (...), wie sie in dieser Zeit auch in der Literatur und Philosophie formuliert wurden“, waren die Intention des Künstlers.[66] Über diese Bebilderung des Körpers schneiden sich evident die Bereiche der Ästhetik, Philosophie und der Soziopolitik – in der Geschichte natürlich nicht zum ersten Mal, man denke nur an christliche Ikonografie – hier aber in einer diffizilen Ausarbeitung des Grundgedanken vom Dualismus Körper und Seele und einer medialen Verbreitung, die es in dieser Form noch nicht gegeben hatte. Als Voraussetzung für diese Art der Normierung des Körpers kann natürlich die Renaissance verstanden werden, die in ihrer Erfindung der Perspektive den mimetischen Grundcharakter des Bildes geprägt hat, der bei Shermans Bildern und der Frage nach der Künstlerschaft noch weiter interessieren wird. Da die Bilder mit dem Vergleich von barocken, geschwungenen, sinnlichen mit zurückhaltenden, geschlossenen, kontrollierten Körperhaltungen arbeiteten, wird der pädagogische Charakter offensichtlich. So steht sich ein Paar in ‚der Unterredung' (Abb. 6) in einem stark geometrisch angeordneten, also künstlich angelegten Park – wie dem eines Adelshofes, in affektierter, weit ausgreifender Geste, die stark sexuell konnotiert werden kann, und extravaganter Kleidung gegenüber, während das bürgerliche Pärchen in freier Natur, gemäßigter Kleidung und zurückhaltender Pose eine stille Konversation pflegt. Die Hände der Dame ruhen keusch im Schoß, das Gewicht der Szene liegt im Gesicht der jungen Frau statt in der Geschwungenheit ihres Körpers. Diese stark entsexualisierte Verhaltensweise, die sich gegen die höfische Ausschweifung wendet und somit gegen die alte Gesellschaftsordnung, impliziert nicht nur ein neues Ideal der Affektbeherrschung, sondern auch ein neues Geschlechterverhältnis, sowie das oben mehrmals angesprochene repräsentative Verständnis von Seele und Körper. Während das neue Selbstbewusstsein des Bürgers vom aktiven Mann repräsentiert wird, fügt sich die Frau auf andere Weise in das neue System ein:

> Das passiv-abwartende wie tugendhafte Auftreten der Frau wird in vielen Erziehungsschriften gefordert; es ist die Voraussetzung für die freiwillige Unterwerfung der Frau unter die Autorität des Ehemannes. Diese Unterwerfung war nach der neuen, aufgeklärten, naturrechtlichen Auffassung Bedingung für das gute Funktionieren der Ehe. Waren die vor-

---

66 Barta 1987, S. 101.

bürgerlichen Eheformen geprägt von der gottgewollten Autorität des Hausvaters (...) so wurde die Ehe in der Aufklärung zwar ein individualrechtlicher Vertrag zwischen zwei ideologisch gleichgestellten Partnern, in der aber die Frau aus Liebe zum Mann auf ihre gesamten Rechte verzichtete.[67]

Das Funktionieren der Ehe hatte nicht den motivischen Hintergrund der Selbstverwirklichung oder andere individuelle Antriebe, sondern vielmehr die Intention zur pragmatischen Arbeitsteilung in private und öffentliche Sphäre – die Marktwirtschaft führt bis tief in die Familienstruktur hinein. Bemerkenswert ist, dass die Frau als naturgegeben zärtlich, sanft und liebend begriffen wurde, und handelte sie gegen ihre Bestimmung in der Familie, so galt das als widernatürlich.[68] Was uns später als ‚Angel in the House' im amerikanischen Film-Melodrama begegnet, hat hier seine Parallele. Nicht nur die Frau ist dieser Beherrschung und Selbstaufgabe verpflichtet – auf andere Weise ist es auch der Mann. Von Kindesalter an steht die Affektbeherrschung als oberstes Gebot auf dem Erziehungsplan.

Zu allen Geschäften aber, die man in der Welt führen muss, ist nichts so dringend anzuempfehlen, wie – Kaltblütigkeit, das heißt: sich nie zu vergessen, nie sich zu übereilen, den Verstand nie dem Herzen, dem Temperamente, der Phantasie preiszugeben; Vorsicht, Verschlossenheit, Wachsamkeit, Gegenwart des Geistes, Unterdrückung willkürlicher Aufwallungen und Gewalt über Launen. (...) Aber diese schwere Kunst (...) erlangt man nur nach vieljähriger Arbeit und Erfahrung.[69]

Um in der Berufswelt überleben zu können, ist es für den Bürger von großer Notwendigkeit die Beherrschung zu wahren. Es gibt derzeit keine allgemein verbindliche Norm, dem sozial Höhergestellten Respekt zu zollen, das soziale Miteinander muss sich andere Richtlinien kreieren, die den Umgang regeln – mit dieser Affektbeherrschung also erschafft der deutsche Bürger des 18. Jahrhunderts – psychoanalytisch bedacht – einen Ort des Verdrängten, des Unbewussten. Gefühl und Repräsentation, Oberfläche und Tiefe, Natürlichkeit und Zeichen bilden untrennbare Einheiten und schaffen Angst vor der Wiederkehr des Verdrängten, Unkontrollierbaren. Richtet man das Augenmerk nun wieder auf das Theater, so verschärft sich dieser Komplex ins Unüberschaubare, denn die Frage

---

67 Barta 1987, S. 90.

68 Barta 1987, S. 91.

69 Barta 1987, S. 92

nach der Repräsentation und Authentizität ist durch den Schauspieler eine doppelte. Die von der Lavaterschen Physiognomie und der Schauspieltheorie des Natürlichen postulierte Einheit von Signifikat und Signifikant kann allerdings nie erreicht werden – die Deckungsgleichheit von Gefühl und Zeichen kann nämlich nur symbolisch sein und Produkt eines unhinterfragten Diskurses sein. Einen weiteren wichtigen Aspekt der zu erreichenden Einheit von Signifikant und Signifikat bildet der Ausschnittcharakter des Gezeigten, der in der Stichfolge Chodowieckis als szenische Entwürfe, im Theaterideal Diderots sowie in den Bildern Shermans eine Semiose ermöglicht, wie es die Physiognomie für den Lebensalltag beabsichtigt. Doch dazu an anderer Stelle mehr.
Wie wird ein solcher fiktiver Idealbürger denn nun für Drama und Bühne geschaffen? Diese Entwicklung führt vom barocken Typus, der vom Wort überrollt wird und sich aus aristotelischen Typen zusammensetzt, zum säkularisierten fein ausgearbeiteten Charakter im Sinne Lessingscher Individualisierung, dessen Seelenleben sich in diffiziler Abstufung über Sprache und Körper transportiert. Den Gesetzen der Vernunft, der Wahrscheinlichkeit, Mäßigung und vor allem der Natürlichkeit folgend bewegen sich Odoardo, Ferdinand, aber auch Emilia und Luise durch das Bürgerliche Trauerspiel und ihre Schauspieler in differenzierter und wahrscheinlicher Darstellung auf der Bühne.

> Charakter heißt Integration. (...) Immer geht des darum, den Ausbruch des Pathos zu verhindern. Unter der Bedingung der gewaltsamen Herrschaft im Inneren des Charakters bedeutet das den unendlichen Aufschub des gewaltsamen Ausbruchs. (...) Der Ausbruch der Leidenschaft wäre Verschwendung, kontraproduktiv gegen den mühsam erarbeiteten Zusammenhang. Also muss der Charakter sparen, wenn er diesen erhalten will. Die Ökonomie des Charakters verlangt daher die Meidung der Extreme, Brüche und Sprünge. Sie bevorzugt stattdessen eine allmähliche Entwicklung, die Ausbalancierung der inneren Spannung durch kleinste Abstufungen der Empfindungen und nahezu unmerkliche, ‚kostensparende Übergänge von der einen zur anderen.[70]

Ökonomie und Kontinuität sind die Richtlinien nicht nur der Dramen- sondern auch der Schauspieltheorie. Eine natürliche Spielweise soll den Zusammenhang der Figur gewährleisten. Ein Prototyp des Charakterschauspielers ist zweifelsohne Ekhof in seiner Parade-

70 Günther Heeg: Das Phantasma der natürlichen Gestalt – Körper, Sprache und Bild im Theater des 18. Jahrhunderts, Frankfurt/ Main 2000, S. 251.

rolle des Odoardo, so bemerkt ein Zuschauer:

> Odoardos Rauheit (...) besteht weder im Auffahren noch im Schreien. Sie ist ein inneres Gären seines empörten Herzens, ein inneres Kochen seiner aufgeloderten Leidenschaften, die nur in gedämpften Tönen, nur durch das Feuer seiner Augen und das Glühen seiner Wangen sichtbar wird.[71]

Die unfreiwilligen Zeichen der Wangenröte und der strahlenden Augen werden als unmittelbare Sprache des Körpers verstanden, das Fiktive als das Natürliche.

> Aber die Idealität des Charakters hat ihren Preis: die fortlaufende Dämpfung läuft auf ein letztendliches Opfer der Sinnlichkeit heraus. Weil der Feind im Innern immer wieder sein Haupt erhebt, verlangt der Zusammenhang des Charakters je aufs Neue die Unterwerfung der Leidenschaft unter die Ökonomie der Vernunft. Das geschieht nach dem Mechanismus von Rückstau und Verschiebung, bis die aufgestaute Energie ein geeignetes Opfer findet, an dem sich der Ausbruch vernünftig motivieren lässt.[72]

Wer im Bürgerlichen Trauerspiel geopfert wird, ist auf faktischer Ebene die Figur der tugendhaften Frau – implizit aber ist es ‚das Weibliche', also das Andere an sich. Wie das Weibliche zu verstehen ist, kann ein direkter Vergleich von Trauerspiel und Melodrama erläutern. Beide bewegen sich in einem Kontext des Weiblichen[73] als fremde Macht.

## 3. Bürgerliches Trauerspiel und Melodrama: das Opfer des Weiblichen im Kontext der Geschlechter

### 3.1 Kurzer Exkurs in die Psychoanalyse: Das Spiegelstadium - Identität und phallische Ordnung

An dieser Stelle wird es wichtig, das immer wieder beobachtete bürgerliche Selbstverständnis oder die bürgerliche Identität um eine wichtige Facette zu erweitern und die zu besprechenden Phänomene aus anderer wissenschaftlicher Perspektive zu erfassen. Identität und Geschlechtertrennung sind zwei wichtige und zusammenhängende Denkmodelle der Disziplin Psychoanalyse seit Freud. Aber auch aus dem späteren 20. Jahrhundert steht aus dem Ideenrepertoire der Erforschung des menschlichen Unbewussten ein Modell

---

71 Zitiert in: Heeg Frankfurt/ Main 2000, S. 255

72 Heeg Frankfurt/ Main 2000, S. 254.

73 Diese Formulierung des ‚Weiblichen' stammt von Heeg (2000) und ist an dieser Stelle gültig und brauchbar, da sie einen philosophischen mit einem psychoanalytischen Gedanken verbindet.

zur Verfügung, das viele Diskurse unserer Gesellschaft betrifft; das über die Trennung bewusst/ unbewusst eine Reihe weiterer Dualismen etabliert: Das Spiegelstadium – vor allem von Lacan ausgearbeitet - ist in vielerlei Hinsicht Trennlinie der binären Paare. Im eigenen Spiegelbild entsteht das Selbst:

> The mirror stage refers to that time when the child first recognizes itself, from which it develops a sense of self and other. Before this 'moment' the child of course already recognizes the mother, but does not perceive her as a separate thing, for she is, like everything else in the child's world, perceived as an extension of itself. The moment the child recognizes itself in the mirror (which is only possible if it simultaneously sees another individual, probably the mother, in the mirror), the child recognizes that it is an entity in the world, separate from its mother and all other objects.[74]

Da aber die motorischen Fähigkeiten des Kindes noch unausgereift sind, sieht es sich selbst im Spiegel größer und mächtiger als es ist. Der Spiegel erzeugt das ‚Selbst' in dem Moment, wo er es von seinem Abbild trennt. Die Identifikation erfolgt aber sowohl mit dem als noch defizitär empfundenen Körper als auch mit dem dazugehörenden Spiegelbild, das weitaus überlegen scheint. Dieser Wahrnehmungsfehler bewirkt eine Art narzisstische Grundhaltung zum eigenen Bild, die allerdings wegen der erfahrenen Trennung von einem Gefühl des Verlusts begleitet wird – das Selbst, das sich im Spiegel manifestiert hat, ist nun nicht mehr das Eigene, sondern wird Ziel des Wunsches, des Begehrens nach kindlicher Vollkommenheit. Auch zu den Objekten der Umgebung und besonders zur Mutter spürt das Kind nun die Distanz, realisiert das Andere. Von diesem Zeitpunkt an sucht das Subjekt nach seiner Ganzheit durch das Bild, und diese Suche ist von Ängsten der Kastration – meint nicht den tatsächlichen Vorgang der Beschneidung oder ähnlichem, sondern eine symbolische Angst vor dem Verlust der Vollkommenheit – und der Zerstückelung des Spiegelbildes. In diesen Komplex verwoben sind natürlich auch Blick und Pose, denn mit der Erfahrung der Trennung, dem eigenen Blick in den Spiegel, gehen natürlich die Blicke der Anderen einher, die einerseits das Subjekt in seiner Ganzheit versichern, andererseits die Unvollkommenheit bewusst machen – die Aufteilung in das Ich und das Bild, das Eigene und das Andere. Die Pose ist dann nichts als ein Schutzmechanismus, der die Identität vor den Blicken der Anderen sichern soll –

---

74 Robert Lang: American Film Melodrama – Griffith, Vidor, Minelli, New Jersey 1989, S. 39.

was bei Shermans Bildern offensichtlich wird. Hat diese Grundunterscheidung in der Psyche des Kindes stattgefunden, erfolgen weitere Einschreibungen und fiktive Trennungen durch Gebote und Verbote – in unserer Gesellschaft durch eine heterosexuelle Matrix, die über das Inzestverbot[75] nicht nur die Geschlechter konstruiert und ordnet, sondern auch Begehren regelt. Diese Ordnung erfolgt über den Eintritt in die Sprache. Begriffliche Gegenüberstellungen erzeugen die Diskurse, in denen die Macht sich durch Wiederholung manifestiert.[76] Durch die Diskurse werden Ontologien geschaffen, die wiederum als außerhalb des Diskurses und des geschichtlichen Wandels begriffen werden. Sie werden also naturalisiert, obwohl sie konstruiert sind. Als Beispiel seien genannt: zunächst die Natur, des Weiteren die Phase der bisexuellen *jouissance* in der Psychoanalyse (sie beschreibt die Zeit im Leben des Kindes vor der Trennung in männlich und weiblich) und schließlich auch die binäre Trennung der Geschlechter aus biologischen Voraussetzungen (Körper/ Biologie). Diese hier vereinfachten Pseudoontologien sind als narrative Grundmuster unserer Kultur zu verstehen – was an dieser Stelle nicht weiter ausgeführt, aber zu einem späteren Zeitpunkt der Arbeit noch einmal aufgegriffen werden soll. An dieser Stelle sei noch vermerkt: Die Konstituierung des Subjekts erfolgt über eine fiktive Trennung, die andere Trennungen hervorbringt und in deren Zentrum ein (Spiegel-) Bild steht. Die kulturell bedingte

---

75 Foucault versteht in seiner Ausarbeitung *Sexualität und Wahrheit* den Körper und seine Sexualität als Durchgangpunkt der Macht. Er versteht unsere Sexualität als diskursiv, sie wird über die psychoanalytische Logik des Begehrens geregelt, und dieser Diskurs beschränkt diese auf ein binäres System, das über juridische, repressive Gesetze, also über die Sprache, wirkt und Gehorsamkeit erzeugt. Diese Macht der Ge-und Verbote ist global verbreitet und breitete sich seit dem 17. Jahrhundert über die gesundheitliche und religiöse Kontrolle des Körpers aus. Das heute noch wirksame Motiv der Körperkontrolle ist die Maximalisierung der Gesundheit, Lebensdauer und Fortpflanzung, das vor allem mit der bürgerlichen Gesellschaft, der Industrie und De-Transzendentalisierung des Lebens Einzug hielt.
Vgl: Michel Foucualt: Sexualität und Wahrheit - Der Wille zum Wissen, Bd. 1, Frankfurt/ Main 1992, bes. S. 98, 101, 103 und 125.
Dieses Modell zu Biopolitik und Macht soll später noch einmal aufgegriffen werden, wenn es darum geht, Mythen der westlichen Kultur anhand des Gegenstandes Melodrama zu beleuchten und besonders in Bezug auf die *Untitled Sex Pictures* von Sherman.

76 Vgl. dazu Foucault, in der Analyse von: Judith Butler: Das Unbehagen der Geschlechter, Frankfurt/ Main 1991, bes. S. 43ff

Matrix zwingt das Subjekt automatisch – vermittelt über Sprache – in ein phallisches System, das neben der Ebene der Sprache noch eine inhärente, symbolische Ebene aufweist: Das ständige Streben nach der Kohärenz von anatomischem Geschlecht, Geschlechtsidentität und Begehren und die ständige Angst vor Verlust und Selbstauflösung – zusammengefasst unter dem Begriff Kastrationsangst – forciert die Externalisierung der Angst, eine Projektion auf das Gegenüber, das in unserer Kultur als weiblich kodiert ist. So ergibt sich folgende Konsequenz:

> (...) der Phallus ‚sein' heißt: das Objekt, der/ die Andere eines (heterosexualisierten) männlichen Begehrens zu sein und zugleich dieses Begehren zu repräsentieren oder zu reflektieren. Diese/ r bildet also nicht die Grenze der Männlichkeit zu einer weiblichen Andersheit, sondern lediglich den Schauplatz einer männlichen Selbst-Ausarbeitung. Der Phallus ‚sein' bedeutet also für die Frauen, dass sie die Macht des Phallus wiederspiegeln, diese Macht kennzeichnen, den Phallus verkörpern, den Ort stellen, an dem der Phallus eindringt, und den Phallus gerade dadurch bezeichnen, dass sie sein Anderes, sein Fehlen, die dialektische Bestätigung seiner Identität sind.[77]

An dieser Stelle wird sichtbar, dass das Andere nur eine Fiktion ist, denn in Wirklichkeit ist in einem phallischen System, einer patriarchalischen Ökonomie keine autonome, andere Weiblichkeit möglich, es gibt kein Sein außerhalb der Sprache. Damit wird die Frau nach Luce Irigaray zu Recht zum blinden Fleck der Repräsentation, sie ist das Nicht-Repräsentierbare, weil reine Repräsentation ohne ‚Dahinter'; das Sein ist nur eine metaphysische Konstruktion.[78] Dass von

---

77 Butler 1991, S. 75

78 Zu Irigarays Theorie vgl. Butler 1991, bes. S. 40/ 41 oder Heeg 2000, S. 24 (Fußnote 29): „Das Weibliche ‚an sich' ist, nach Luce Irigaray, in einer maskulinen, auf Repräsentation basierenden Sprache das Nicht-Repräsentierbare, eine sprachliche Abwesenheit oder ein dunkler Fleck in der Sprache, keine feste Substanz und nicht das Andere, das der imaginären Konstruktion der Geschlechtscharaktere zu Grunde liegt."
Die psychoanalytischen Erzählungen, z.B. Lacans, die die männliche Bedeutungsökonomie etablieren, ist natürlich fantasmatisch und fiktiv. Sie sind in dieser ansatzweise kulturkritischen Arbeit eine bewusste, reflektierte Vor-Annahme, weil sie dem zu untersuchenden Gegenstand offensichtlich inhärent sind.
Das zu hinterfragende System stützt sich auf den ‚Mangel' und auf den Körper als akulturell. Allerdings ist momentan eine Geschlechteridentität nicht außerhalb der Sprache denkbar – aber genau diese zwanghafte

dieser Konstellation der Frau als Bestätigung und Bedrohung eine latente Gefahr ausgeht, ist impliziter Bestandteil – wie ich behaupten möchte – des Bürgerlichem Trauerspiels und des Melodramas. Im Fiktionsraum Theater werden diese symbolischen Thesen vom Phallus und der Frau als ‚Phallus Nicht-Habender', also Mangelwesen, verhandelt und darüber Identitätsfragen des bürgerlichen Subjekts unbewusst thematisiert. In beiden Formen begegnet uns die Frau als Phallus.

## 3.2 Die Erfindung der Unschuld

Der Genfer Jean Jaques Rousseau ist eine entscheidende Bezugsgröße über die Konstellation Mann, Frau und Theater aus der Mitte des 18. Jahrhunderts. Der Ausgangspunkt seiner gedanklichen Ausführungen zum Theater bildet die Schauspielerin:

> Durch ihre Zurschaustellung weckt die Schauspielerin das Begehren der anderen. Dass sie es ohne Scham tut, macht sie zur Herrin des Begehrens. Das (...) Begehren verwandelt die Männer in willenlos Abhängige der Frauen. (...) Das am/ im/ vom Subjekt nicht repräsentierbare Begehren verfestigt und vergegenständlicht sich als weibliche Macht.[79]

Die hier mit anderen Begriffen anklingende Angst vor dem Begehren ist als analog zur psychoanalytischen Setzung von Weiblichkeit zu verstehen. Hier ist die Position der Frau als Phallus-Seiende die stabilisierende und verunsichernde zugleich. Elisabeth Bronfen fasst die Idee von Frau in der westlichen Kultur im Zusammenhang mit der Repräsentation sehr komprimiert und schlüssig zusammen. Was oben mit dem Spiegelstadium schon angerissen wurde, präzisiert sie folgendermaßen:

> Bei der kulturellen Konstruktion von Weiblichkeit geht es vor allem um die Differenz zum Mann, genauer um die Frau als Inhaberin eines in bezug auf die Männlichkeit mangelhaften, supplementären Körpers. Diese Geschlechterdifferenz basiert auf dem Drohen deines Verlusts, das durch den Blick erfahren und erkannt wird: der Anblick des kastrierten

---

Struktur, die mit der Psychoanalyse und der Philosophie das Subjekt erzeugen, wird in der Forschung immer stärker hinterfragt und Künstlerinnen wie Sherman ‚kratzen' mehr und mehr an der Oberfläche des diskursiven Gebäudes unserer Kultur.

79 In seiner Arbeit zum ‚Phantasma der natürlichen Gestalt' (2000) analysiert Heeg die Gedanken Rousseaus. Besonders: ‚Lettre à d'Alembert sur les spectacles', vgl. S. 24/ 25ff.

weiblichen Körpers.[80]

Bronfen holt für die Beschreibung der Frau als Ort des Begehrens weiter aus als bis zum Spiegelstadium und bringt - auch Lacan folgend - den mütterlichen Körper ins Spiel, wenn sie schreibt, dass dieser vom weiblichen Körper repräsentiert wird und somit als Erinnerung an Ganzheit als beruhigendes Zeichen fungiert, als Zeichen für Unversehrtheit und als Objekt des Begehrens, als Ort der Fantasie.[81] Wie ist in diesem Kontext die Darstellung der Frau in der Kunst, Literatur, auf dem Theater zu verstehen? Die Darstellung der Frau in den Bild- und Sprachkünsten des 18. Jahrhunderts bewegt sich entlang dieser Ambivalenz – besonders das Melodrama. Die melodramatische Ausformung der Frauengestalten hat ihre Wurzeln in der Mitte des 18. Jahrhunderts, die Spur führt von Diderot über das Bürgerliche Trauerspiel zur rasenden Ariadne auf Naxos. Wann aber ist der Körper/ Anblick der Frau, der sowohl Ganzheit als auch Trennung repräsentiert, stabilisierend, wann bedrohlich?

Bedrohlich empfand Rousseau - wie oben angedeutet - die schamlose Schauspielerin, die den Mann in Abhängigkeit und Begierde stürzt, die berechnende, durchschauende, um ihre Macht wissende femme fatale, wie sie im späten 19. Jahrhundert genannt werden wird. Zeichen dieser Macht sind die Sprache – Frau weiß wie der Mann um das Spiel der Geschlechter[82] und kann es bewusst einsetzen – und der Blick, die wissenden Augen, die nichts an Erfahrung verbergen und dazu noch das neugewonnene Selbstverständnis des Bürgers gefährden, indem sie ihm zum Bild degradieren und ihm Mangel und Trennung nicht nur von der Welt und ihr, sondern

---

80 Bronfen: Weiblichkeit und Repräsentation 1995, S. 429.

81 Vgl Bronfen: Weiblichkeit und Repräsentation 1995, S. 430 oder: „Denn die Frau als beruhigendes Zeichen ist der verschobene Körper der Mutter, das vergebliche, aber fortdauernde Versprechen, die vor-individuelle *jouissance* wiederzuerlangen. Anscheinend besteht also der Konflikt der Männlichkeit gerade in diesem Anspruch auf volle Anerkennung der Autonomie, die nichtsdestoweniger zugleich eine Rückkehr zu den vollständigen Lüsten vor der Verdrängung und Individuierung versprechen soll." Butler 1991 über Lacans Theorie, S. 77.
Heterosexualität ist also nichts weiter als eine Urverdrängung der *jouissance*, die durch die Verdrängung erst geschaffen wird vgl. Butler 1991, S. 53.

82 Nach Rousseau gibt es für das Theater wie für das Leben eine Ordnung der Geschlechter „die aus Angriff und Verteidigung besteht, wobei der Frau das Mittel der Scham als Verteidigung zur Verfügung steht, womit sie das Begehren aber nicht versiegen lässt, sondern es zu steigern vermag ohne die Tugend zu gefährden." Vgl. Heeg 2000, S. 27.

auch vom mütterlichen Körper bewusst machen. Der Blick ist zentrale Gefahr der Identität des bürgerlichen Ichs, wie sie oben konkretisiert wurde und noch weiter interessieren wird. Nur in der schamhaften, zurückhaltenden Unschuld kann die Identität gewahrt werden – das Mädchen, das Objekt des männlichen Blickes, aber nicht Subjekt des Blickens zu sein vermag, ist die perfekte Stabilisierung des Mannes, des Bürgers.

> Die reflektierte, d.h. schamlose Zurschaustellung versteht Rousseau als Angriff auf die männliche Autorität. Angst vor Selbstverlust und weiblicher Domination verlangen nach einer festen Rangordnung der Geschlechter: nach einer schwächeren, ,naiven' Partnerin. Rousseau sucht den Schrecken des Begehrens, der von der Frau als Schauspielerin ausgeht, durch die Imago der Unschuld zu bannen. Ihr Modell findet er in der Schamhaftigkeit des jungen Mädchens, das von der Natur für diesen Zweck wie geschaffen scheint.[83]

In diesem Kontext ist es nicht verwunderlich, dass Rousseau sich vom ,institutionellen' Theater, das voller Schauspielerinnen ist, ab- und einem Privattheater zuwendet. Auch wenn Autorität oder Begehren von Rousseau keineswegs schon so psychoanalytisch geprägt sind, wie ich es erläutere, klingt doch an, was unbewusst über das Weibliche verhandelt wird: Identität und Repräsentation. Um die Bedrohlichkeit des Blicks und der Kastration zu bannen, wird ein Imago der Unschuld geschaffen, das die Autorität oder Identität stabilisiert und die Ganzheit des Subjekts schafft. An dieser Stelle ist noch interessant, dass das ,Bild' der Unschuld nicht als solches rezipiert wird, sondern als Natur verstanden – ein Phänomen, das sich in unserer Kultur übrigens konstant gehalten hat. Als ahistorisch, vorkulturell, angeblich vordiskursives Modell der Geschlechter bewegt sich der Diskurs über die natürliche Frau durch die Geschichte. Bei Rousseau heißt es also:

> Ist es nicht die Natur, die die jungen Mädchen mit jenen lieblichen Zügen schmückt, die ein wenig Scham noch rührender macht? Ist sie es nicht, die ihren Augen jenen scheuen und zarten Blick verleiht, dem man nur mit soviel Mühe widersteht. Ist sie es nicht, die (...) ihrer Haut mehr Zartheit gibt, damit ein bescheidenes Erröten leichter sichtbar wird? (...) Wozu sollte die Natur ihnen (...) weniger Schnelligkeit, einen weniger kräftigen Körper, einen kleineren Wuchs und zartere Muskeln geben, wenn sie ihnen nicht bestimmt hätte,

83 Heeg 2000, S. 29.

sich erobern zu lassen?[84]

Die konstruierte Natürlichkeit impliziert auch jene Echtheit und Authentizität, die der Schauspielerin verlorengegangen ist. Statt in der Öffentlichkeit bewegt sich das schamhafte Mädchen im Privaten; statt der bewussten *simulatio* zeichnet das Mädchen ein Mangel an Berechnung aus. Sie ist ein Zeichen für Unschuld, das leugnet ein Zeichen zu sein. Den Grad an Authentizität verleiht ihr die Sprache des Körpers, nicht die verbale. Unfreiwilliges Erröten, zaghaftes Abwenden des Blicks, das Ausbrechen in Tränen, der Ohnmachtsanfall – diese Regungen bilden das Repertoire der Natürlichkeit, die unverfälscht aus der Tiefe an die Oberfläche dringen, ohne dass eine Reflexion zwischengeschaltet wäre. Diese Bilder der Tugend bevölkern die Literatur und auch die Schauspieltheorie des 18. Jahrhunderts. Ein Glanzbeispiel eines solchen schamhaften Typus bildet die Sophie aus Denis Diderots *Le Pére de famille*, aber auch Emilia Galotti, Luise, Gretchen und Rousseaus Julie finden ihre völlige Entsprechung im Ideal der Zeit. Sie erlauben es Sinnlichkeit, Natur und Tugend in völligen Einklang zu setzen; in ihrer Zeichenhaftigkeit, die als natürlich verhandelt wird, schaffen diese Modelle von Frau es, den von der Vernunft verdrängten, unkontrollierbaren Leib, wieder in Einklang mit dem Geist zu bringen. Das ‚Andere' wird in der engelsgleichen und doch höchst erotischen Gestalt assimiliert und salonfähig gemacht.

> Die Faszination der Unschuld geht von der Vorstellung einer Inkarnation aus. Sie suggeriert die nahtlose Verbindung der präskriptiven Vernunft mit dem materiellen Leib, bruchlose Einswerdung von moralischem Anspruch und sinnlicher Verkörperung.[85]

So schafft sich die Kultur des 18. Jahrhunderts eine Gestalt, die das männliche Prinzip der Vernunft und das ‚weibliche Prinzip' der Sinnlichkeit in einem kontrollierten System zu vereinen scheint.

Die Sprache des Körpers, die als unmittelbar aufgefasst wird, und die Differenz zwischen Signifikant und Signifikat scheinbar aufzuheben scheint, wird auch Ausgangspunkt der bereits oben angedeuteten natürlichen Spielweise auf dem Theater. Dieses Zeichen von Natürlichkeit – ein Widerspruch in sich – ist in Wirklichkeit hoch artifiziell: es resultiert auch der Katalogisierung körperlichen Ausdrucks. Nicht nur aus der Physiognomie Lavaters stammen die Elemente der natürlichen Gestalt, auch die Taubstummensprache und

84 Zitiert in Heeg 2000, S. 29.

85 Heeg, S. 37.

die Ausdruckstheorie der Malerei liefern Versatzstücke, aus denen das Ideal der engelsgleichen Frau geschaffen wird.
Die sprachlose Unschuld ist nicht nur tugendhaft, voller Schamgefühl und Empfindsamkeit, sie ist Objekt der Begierde und weiß es selbst nicht. Das zeigt sich in der Gestaltung der Frauenfiguren in Literatur, Malerei und auf dem Theater. Dort ist sie fast nur in Fremdcharakterisierung anwesend – sie existiert nahezu ausschließlich als Bildbeschreibung. So z.B. das Fräulein von Sternheim in Sophie LaRoches gleichnamigem Briefroman. Dort wird die Begegnung Lord Derbys mit dem Fräulein als Schauspiel der Blicke inszeniert und einzelne Körperteile wie der Nacken, Busen und die Locken beschrieben – eben ganz so, wie der Lord sie wahrnimmt und bewertet.[86] Die Glaubhaftigkeit wird durch Körperzeichen, wie das Erröten oder das in Tränen Ausbrechen, bescheinigt, die Erotik wird unterschwellig über die Ebene der Wahrnehmung und Blicke auf das Fräulein transportiert, während es selbst sich dessen nicht bewusst ist. Der Fetischisierung und Belehnung der einzelnen Körperteile durch die Betrachtung folgt die Synthetisierung der Teile, die das Bild der Unschuld komplettiert und ihm einen Wahrheits- und Authentizitätsstatus bescheinigt. Hier wird sichtbar: Die Unschuld ist ein Konstrukt aus Diskursen der Wissenschaft und Kunsttheorie zur Lesbarkeit des Körpers – geschaffen aus Angst vor Kontroll- und Identitätsverlust mit der Hoffnung auf Ganzheit und Unversehrtheit und auf die gezähmte Wiederbringung des verdrängten Körpers.

### 3.3 Mäßigung versus Exzess: von der natürlichen zur melodramatischen Spielweise

So wie die natürliche Gestalt eine Synthese aus verschiedenen Disziplinen ist, so ist sie auch eine Reduktion: eine gewaltsame Zurechtstutzung des Körpers auf den Sinn, wie z.B. die Unschuld, die Intrigantin (die die Unschuld nur berechnend vorspielt) oder die Autorität. Das lässt sich bereits an den erläuterten Stichfolgen des Taschenkalenders von Chodowiecki ablesen und das zeigt auch der Schauspielstil Ekhofs, der in seinem Spiel einer Ökonomie der Mäßigung folgt. Die Reduktion des Körpers erschafft eine Ausweitung des Sinns, also des intellektuellen Verstehens, einen Raum für Sprache, aus der das Weibliche bis auf ein gestutztes ‚Weibsbild' zurückgedrängt ist. Weiterhin schafft sie die Tiefe, die aus der Ver-

86 Vgl. Heeg 2000, S. 39ff.

drängung der äußeren Bewegung resultiert. Zwar kreiert der natürliche, antirhetorische gegenüber dem deklamatorischen Schauspielstil einen fein ausgearbeiteten Charakter, allerdings ist dieser auf seine Grundart hin ausgestaltet und kann aus seinem Charakterschema nicht entkommen, da die Vernunft immer siegen muss. Letzten Endes erlaubt ihm diese dramatische oder schauspielerische Praxis keinerlei Brüche oder Sprünge im Verhalten. Der körperliche Ausdruck auf der Bühne ist reine Illustration der im Dramentext vorgegebenen Handlung; er steht völlig im Dienst des Textes, des Sinns. So ist es wenig überraschend, wenn man es aus dieser Perspektive betrachtet, dass sich in der Theaterpraxis bald eine Gegenbewegung zu dieser Reduktion ausbildete – nicht zuletzt weil sich auf der Bühne das Repertoire an gemäßigten Gesten schnell erschöpfte.

> Die Beglaubigung der dramatischen Sprache durch die vermeintlich natürliche Sprache des Körpers führt zu seiner semantisch-semiotischen Kolonialisierung. Sogenannte schauspielerische ‚Feinheiten', unwillkürlich-unbewußte körperliche Äußerungen wie das An-der-Bettdecke-Zupfen der sterbenden Sara , gelten als Anzeichen eines natürlichen Ausdrucks. Einmal entdeckt, werden sie umgehend kopiert, das ‚Natürliche' dadurch aber um seine Glaubwürdigkeit gebracht. Der natürliche Ausdruck erweist sich als eine ‚Rhetorik der Expression', die im gestischen Ausdrucksklischee erstarrt.[87]

Dieser ‚Inflation des Ausdrucks' entgegenzuwirken entwickelte sich die melodramatische Spielweise seit den 70er Jahren des 18. Jahrhunderts. Der Protagonist der männlichen Autorität ist aus dem Melodrama verbannt, im Mittelpunkt steht die verlassene Geliebte und nicht die brave, dem Wort des Vaters gehorchende Unschuld, die sich statt die reduzierte Illustration des sprachlichen Sinns zu sein auf expressivste Weise dem Leiden hingibt. Das Melodrama bildet den Moment des Bürgerlichen Trauerspiels nach, in dem die Unschuld mit der Katastrophe konfrontiert wird; wo aber das Trauerspiel dezent die Reaktion des Opfers ausblendet, setzt das Melodrama erst ein: Somit ist es ein Ausschnitt aus dem Trauerspiel; es dehnt den 5. Akt der Katastrophe, ohne einen Ausweg oder eine

---

87 Günther Heeg: Der ‚Faden' der Ariadne - Ursprung und Bedeutung des Malerischen in der theatralen Darstellung des 18. Jahrhunderts, in: Theater im Kulturwandel des 18. Jahrhunderts – Inszenierung von Körper – Musik – Sprache, hrsg. Von E. Fischer-Lichte und J. Schönert, Göttingen 1999, S. 362/ 363.

Rückkehr in die väterliche Tugendordnung zu offenbaren. Emilia ist nicht schmerzzerrissen, ebenso wenig wie Sara oder Luise, obwohl ihre Schicksale nicht minder schmerzvoll sind. Die Ästhetik des Trauerspiels verbietet eine expressive Auseinandersetzung, denn diese hat nichts mit den bürgerlichen Idealen der Vernunft und Mäßigung zu tun – sie entsprechen weder der philosophischen Grundlage noch der pädagogischen Absicht; sie bilden einen scheinbaren Rückschritt in die Unterwerfung unter die unaufgeklärte Herrschaft der Leidenschaft und des Körpers. Die eigentliche Tragödie entsteht in der Reflexion durch den Zuschauer; in ihm hat das gezähmte ‚Andere' noch einen Stellenwert: den des Mitleids, das durch ständige Einsicht kontrolliert wird. Wie oben beschrieben folgt das Bürgerliche Trauerspiel dem Ethos und den Regeln der sozialpolitischen Empfindsamkeit, während das Melodrama gänzlich amoralisch ist:

> Schuld oder Unschuld, Tugend und Laster sind nicht die Fragen, auf die es in dieser Gattung ankommt. (...) Es zeigt Ohnmacht und Leiden, aber nicht als schuldloses Erdulden (...), sondern in einer Maßlosigkeit, die die Getroffene immer über sich hinaus, zumeist in den Wahnsinn treibt. Dabei bleibt es fast gleichgültig, wie die Protagonistin in ihre Lage gekommen ist. Das Melodrama setzt Kräfte frei, die im Ethos des Bürgerlichen Trauerspiels gefesselt waren, und gibt der Unterworfenen eine Größe, die Emilia Galotti nicht zugestanden wird.[88]

In die Kategorie der Maßlosigkeit gehören zweifelsohne auch die oben angesprochene Motivik des *locus terribilis* und das Rachethema. Beides steht im Bann der Burkeschen Ästhetik des Erschauerns, die in ihrer Expressivität und Heftigkeit die gemäßigte Ästhetik des Trauerspiels erheblich kontrastiert. Aber noch viel relevanter: Der Charakter- und der Schauspielbegriff verschieben sich zu einem fast barock anmutenden Ausdruck des Pathos, der durch Exaltation und Schroffheit nichts mehr mit dem Lessingschen Ideal zu tun hat – und mit ihm verändert sich die Rezeption, die nicht mehr sublimatorisch und intellektualisierend ist, sondern zunächst rein affektiv. Statt einem ‚barocken Zentralaffekt'[89] durchläuft die Heldin eine Skala von Affekten, eine Abfolge von Gefühlsstadien, deren Charakteristikum nicht die „Gradation, der unmerkliche Übergang von der einen zur anderen Gefühlsnuance" ist wie beim natürlichen Charakter als Kontinuität, sondern der „abrupte Wechsel, die schroffe Ent-

88 Heeg 2000, S. 361.
89 Schimpf 1988, S. 186.

gegensetzung".[90] Entsetzen, Verzweiflung, Trauer, Ohnmacht und die wehmütige Erinnerung an die verlorene Liebe gehören ebenso zum emotionalen Arsenal wie Wut, Raserei, Hass und Todessehnsucht. Nicht die Handlung und der Sinn stehen im Zentrum des *Melo*-dramas, sondern die Musik und die Körpersprache erzielen die Wirkung beim Zuschauer, der nicht reflexiv antwortet, sondern emotional. Wie wird diese Wirkung erreicht? Der schroffe Wechsel der Gefühle folgt dabei einer Art Schwarz-Weiß-Dramaturgie[91]: Sowohl in der Musik als auch in der Bewegung finden sich Momente des Stillstands, bzw. der Ruhe, auf die wiederum Momente der Unruhe und Steigerung folgen. Auf Anspannung folgt melancholische Entspannung, die dann durch erneutes Aufbäumen wieder gebrochen wird. Die Doppelung von Musik, Aktion und Sprechweise – wie bereits erläutert – soll den Eindruck von Tiefe erzeugen; besonders die Mitwirkung von Musik soll suggestiv auf die Affekte des Zuschauers Einfluss nehmen. Damit ist man dem Stummfilm oder einer Hollywood-Romanze gar nicht mehr fern, die über Musik und Bild statt über den Dialog den Rezipienten moralisch und emotional zu lenken vermögen. Der Gedanke der Repräsentation der inneren Gefühle und der Inszenierung von Tiefe ist eine dem Melodrama angeborene Eigenschaft, deren Ursprung im besonderen Interesse des 18. Jahrhunderts an psycho-physischen Zusammenhängen liegt. In dieser Zeit wächst das Interesse an der Lesbarkeit des Körpers und somit auch an den emotionalen Wirkungsmechanismen, die den Zuschauer oder – im ‚alltäglichen Schauspiel': den Mitmenschen – betreffen. Musik und die expressive Gebärde, die als das ‚Andere' oder ‚Weibliche' noch vom bürgerlichen Theater verbannt waren, werden als antireflektorische, aber wahre – weil unmittelbare, unverfälschte – Mittel zur emotionalen Lenkung wiederentdeckt. Die Leidenschaft und die Sinnlichkeit finden ihre Rückkehr auf die Bühne. Doch ist diese Rückkehr eine in die voraufklärerische Zeit der Unvernunft? Geht das Melodrama vollends im ‚Anderen' auf? Erinnert man sich an die oben kurz angerissene Rezeptionsgeschichte des ersten Melodramas auf dem Gothaischen Schloss, so fällt auf, dass das Melodrama auch im Kontext des Musiktheaters zu untersuchen ist – nicht nur in Abgrenzung zum Bürgerlichen Trauerspiel und der Natürlichen Spielweise. Dann ist es eine gezähmte, ver-

---

90 Heeg 1999, S. 363.

91 Sabine Henze-Döhring: Ausdruck und ‚Körperlichkeit'- Das deutsche Melodram des späten 18. Jahrhunderts, in: Theater im Kulturwandel des 18. Jahrhunderts, Götttingen 1999, S. 224.

nünftige, anti-italienische Oper, die nicht im Kontrast, sondern im völligen Einklang mit der Aufklärung steht: weil Faktoren wie die altgriechischen Stoffe, die größere Dominanz der Sprache gegenüber der Musik, das Auslassen burlesker Einschübe und so weiter es von der Oper deutlich unterscheiden. Doch lässt sich dieses Phänomen auch aus inhaltlicher Perspektive bestätigen? Oder ist die Maßlosigkeit der Protagonistin und die Ausgestaltung der Figur durch die Schauspielerin reiner Eskapismus aus der Tugendmoral und macht die Struktur der inszenierten und unbewussten Abgrenzung vom Unvernünftigen sichtbar? Ist es am Ende subversiv?

## 3.4 Musikalische Flächen und sichtbare Wellen: vom signifikanten zum malerischen Ausdruck

Ariadne, Medea und Blandine sind zweifelsohne keine ökonomisch geschlossenen, unschuldigen Figuren; sie zeigen keinerlei Einsicht in die väterliche Ordnung, sondern sinnen auf Rache. Höchstens in den ruhigen Sequenzen des *locus amoenus*, der Erinnerung an das vergangene Glück, kehrt die Unschuld und damit die erotisch-vernünftige Projektion des Bürgerzuschauers kurz zurück. Durch die Inszenierung der Leidenschaft und des Außer-Sich-Seins aber hält das Andere, das ‚Weibliche', das Unsagbare, also das, was sich der Einbindung in den Sinn entzieht, wieder Einzug auf die Bühnen des späten 18. Jahrhunderts. Das, was außerhalb der sprachlichen Repräsentation liegt, ist Thema der Darstellung: So gesehen wäre das Melodram nur ein Gegenentwurf zur Tugendfigur des Trauerspiels. Ein kurzer Blick auf die genaue Ausgestaltung der rasenden Frauenfigur kann diesen Eindruck revidieren – aber nicht ohne ihn zunächst zu bestätigen. Josef Franz von Goez veröffentlichte 1783 eine Reihe von 160 Kupferstichen zum Melodrama *Leonardo und Blandine* (Abb. 7), die – genau wie Chodowieckis Stiche zur natürlichen Gestalt – eine Art ideale Vorlage für die melodramatische Darstellung der Leidenschaften bieten sollten. Aber statt Chodowieckis signifikanten Einzelmomenten, die tableauartig jeweils die Essenz einer Szene oder einer Begegnung von Menschen im ‚wirklichen' gesellschaftlichen Leben zeigen, demonstrieren Goez Bilder auch die Übergänge: Seine dicht aufeinander folgenden Momente sind unvollständige Einzelbilder, die in ihrer schnellen Abfolge den Effekt eines Daumenkinos[92] haben; sie ergeben einen fast filmisch anmutenden Fluss:

Diese Beschleunigung bringt die einzelnen Gestalten um ihre

[92] Heeg 1999, S. 366.

> Haltung, die fortlaufende Bewegung greift die unbewusst intendierte Aktion an und entzieht der klar gesetzten Geste die Bedeutung bis nur noch reagierende, nach allen Seiten hin fassungslose Gestikulation übrig bleibt. Die Ausdrucksbewegungen Blandines sind die der Passion: Erleiden, Bewegtwerden, aus einem sicheren Zustand gestoßen werden.[93]

Zum Repertoire des Bewegtwerdens gehört nicht nur das Weinen und Stammeln, sondern auch das Fallen, sich Krümmen, die Arme zum Himmel hin ausbreiten, das Verkrampfen und das wilde Gestikulieren – Bewegungen also, die den ganzen Körper erfassen und zum Ausdruck des inneren Konflikts werden lassen, der nicht beherrschbar ist. Der Kontinuität des vernünftigen Charakters, der sich und seine Sinne über die reflexive Instanz seines Verstandes beherrscht, ist mit der melodramatischen Innovation des Ausdrucks eine deformierte, zerstückelte, fragmentierte Passion entgegengestellt, deren körperlicher Ausdruck des Moments nie eindeutig oder signifikant, sondern mehrdeutig, extrem, unkontrolliert, voller Brüche und Sprünge und nie vollständig ist. Für dieses Außer-sich-Sein ohne vermittelnden Verstand, für die Reaktion ohne Reflexion interessierte sich Goez.[94]

Das ‚Andere' scheint also zu dominieren. Trifft das wirklich zu? Man erinnere sich zur Gegenprobe noch einmal an den Handlungsausgang des Melodramas: Stets endet der ‚Exkurs' der Protagonistin in die Tiefen des Unkontrollierten und der Wechsel der Gefühle, der keiner *éducation sentimentale* mehr folgt, mit Wahnsinn und Tod (Selbstmord). Dies ist – aus der Perspektive des bürgerlichen Zuschauers – wohl die plausible und moralisch korrekte Konsequenz. Eine weitere Distanz zum scheinbar im Melodrama dominierenden ‚Anderen' bildet natürlich die Reflexion der Darstellerin, da diese nicht selbst dem Wahnsinn unterliegt, sondern ihn nur überzeugend ‚vor-stellt'; so der Diskurs spätestens seit Denis Diderots *Le Paradoxe sur le Comedién*. Hier ist nämlich das gängige Ideal der Schauspieltheorie und -praxis die distanzierte Ausgestaltung der Rolle nach dem ‚modèle idéal.' Den letztlich wichtigsten Faktor der Gegenprobe aber bildet die Tautologie, die Doppelung des Geschehens durch die Musik: Die Musik des Melodramas hat massive ästhetische und damit philosophische Konsequenzen für die Rezeption und sorgt für die Synchronisierung des Melodramas mit der Vernunft:

---

93 Heeg 1999, S. 366.

94 Viele seiner Zeichnungen zeigen Figuren in schlafähnlichen Zuständen oder Darstellungen von Sterbenden. Vgl. Heeg 2000, bes. S. 350ff.

> Textdichter, Komponist und Schauspielerin trachten gemeinsam danach, die unkontrollierte Bewegung des Leidens, der Wut und des Wahnsinns zu verlangsamen und zu sistieren, bis sich deutbare Konturen abzeichnen und die Passion Gestalt annimmt. Zwei Prinzipien sind es, denen die figürliche Einbindung des Schrecklichen und Uneinholbaren zu danken ist: die Verdoppelung des Ausdrucks und seine Retardierung. Für beide sorgt die Musik. (...) Gleich zwei Medien des Ausdrucks stehen also bereit, wenn es der Heldin des Melodramas unter dem Eindruck des Erhabenen die Sprache verschlägt.[95]

Die Musik schafft Flächen durch Vor- und Nachspiele, so dass die Bewegung verlangsamt und beherrschbar wird. Der fragmentierte, deformierte Ausdruck des Leids wird zur malerischen Attitüde, zur geschmeidigen Welle[96] und in seiner Stilisierung zum Ornament – und somit gesellschaftsfähig. Das ‚Reservat des Weiblichen'[97] ist das Melodrama also nur bedingt: Dieses findet nur in stilisierter Formulierung seine Rückkehr auf die Bühne; so ist das Melodrama keine Wiederbelebung des zum Klischee erstarrten *ethos*, sondern ein gezähmtes *pathos*. Die Zähmung des Weiblichen ist natürlich auch eine kleine unbewusste Rückkehr durch die Hintertür: Das melodramatische Ornament ist eine weiche, fließende, gegossene Gestalt, die dem hölzernen natürlichen Ausdruck in so fern gegenübergestellt ist, als man sie mit der Sinnlichkeit leichter als mit dem Sinn in Verbindung bringt; man denke nur an Bilder von Madame Brandes als Ariadne, z.B. von Anton Graff nach der Aufführung gemalt[98], deren Schleier das Surrogat der zackigen Bewegungen bildet; weich und feminin folgt der Stoff der Bewegung und unterstützt die Verlangsamung in die Zeitlupe. Der antikisch anmutende Schleier[99] ist der Inbegriff der melodramatischen Bewegung.

Diese ‚feminine' Spielweise ist aber so wenig explizit, dass sie nicht als Stilbegriff verstanden werden darf, sondern höchstens als Asso-

---

95 Heeg 1999, S. 368.

96 Heeg 1999, S. 368.

97 Formulierung von Heeg 2000, bes. S. 364.

98 Heeg 1999, S. 369.

99 Charlotte Esther Brandes und andere Darstellerinnen traten in ‚altgriechischen' Kostümen auf, oder in Kostümen, die man für antik hielt, und Sandalen. Diese Kostüme waren zwar weitaus bequemer als die steife Kleidung des Rokoko o.ä., allerdings kann man heute die zeitgenössische Rezeption der Kleider als ‚körperbetont', natürlich' oder ‚der Figur anschmiegsam' nicht mehr nachvollziehen, scheinen sie zu stoffgewaltig. Vgl. Henze.Döring 1999, S. 216/ 217.

ziation, die auf einen philosophischen Subtext verweist. Jedenfalls fällt diese subtile Erotik nicht unter die bedrohliche Weiblichkeit, die das autonome Subjekt stören könnte – sie ist eher ferne Sehnsucht, eine sanfte Anspielung darauf, dass jenseits des Dialogs noch eine andere Wirklichkeit liegt, die in ihrer Ästhetisierung nicht den Subjektstatus des Bürgers/ Mannes gefährden kann. Das ‚Andere' ist in seiner Verlangsamung derart stilisiert, dass es wieder in den Bereich der Vernunft eintritt, die es durch die leidenschaftlichen Ausbrüche scheinbar verlassen hatte. In dieser Hinsicht ist das Melodrama nicht subversiv, sondern sogar affirmativ, da es die Diskurse der Vernunft weiter transportiert ohne die gewaltsame Struktur der Trennung auch nur kurz aufblitzen zu lassen. Mit dem Bürgerlichen Trauerspiel und dem Melodrama, die in der Inszenierung der Frau als Phallus das bürgerliche Ich zu bestätigen suchen, aber gleichzeitig einen Rest an Unheimlichem – besonders im Melodrama – zur ‚Anschauung' zulassen, findet ein anderes psychoanalytisches und feministisches Theorem Einzug auf die Bühne – in wirklichem und imaginären Sinne: der Voyeurismus. Die Filmwissenschaftlerin Laura Mulvey hat in ihrem Aufsatz über Narration und visuelle Lust für den Film eine Modell herausgearbeitet, das auch hier durchaus anwendbar ist und noch einmal den oben erläuterten Konnex von Frau/ Bild (hier: das der Unschuld oder der gezähmten Rasenden) und bürgerlicher Identität unterstreicht.

> Einerseits befriedigt die Repräsentation der Frau die Schaulust, weil sie es ermöglicht, diesen anderen Körper als Objekt sexueller Stimulation durch den Blick zu benutzen. Dem narzisstischen Verlangen bietet dieser Anblick in so fern eine lustvolle Befriedigung als die Konstitution des Ichs aus der Identifikation mit dem gesehenen Bild entsteht. Anders gesagt: Weil der weibliche Körper, als Erinnerung an die Kastration, immer auch Angst auslösen kann, findet die herkömmliche patriarchale Ökonomie des ästhetischen Blicks folgende Lösungen: Entweder werden sadistische Narrationen hervorgebracht, in denen die Frau als Objekt einer vom männlichen Betrachter ausgehenden Untersuchung ausgesetzt ist, im Zuge deren sie entweder für schuldig erklärt und bestraft wird oder ihre Unschuld bewiesen und sie gerettet werden kann. Oder die Frau wird im Zuge eines fetischisierenden Kultes um ihren Körper in ein starres, lebloses Bild, in eine Ikone verklärt, so dass sie als Inbegriff des Beschwichtigenden statt des Gefährlichen wahrgenommen

werden kann.[100]

Sowohl die Gestaltung Emilias, Ariadnes als auch der Gräfin von Orsina finden hier ihre Einordnung: Die Intrigantin des Bürgerlichen Trauerspiels wird bestraft, Emilias Unschuld bewiesen, gleichzeitig wird sie wie die stilisierte Ariadne durch ihren Tod zu einer Ikone verklärt, die dem Voyeur den Blick nicht mehr zurückgeben und so Schauplatz des tugendhaften erotischen Begehrens werden kann (Rousseau). Ein Bild oder eine Ikone kann den Mann nur bestätigen, kann sein ungefährlicher Phallus sein, der ihn weder in seiner Subjektivität, noch Macht, noch Ganzheit und Vollständigkeit in Zweifel stellt; eine Galatea, die den Schöpfer Pygmalion in seiner Macht nur unterstreicht.

> Die Faszination der Unschuld geht von der Vorstellung einer Inkarnation aus. Sie suggeriert die nahtlose Verbindung der präskriptiven Vernunft mit dem materiellen Leib, bruchlose Einswerdung von moralischem Anspruch und sinnlicher Verkörperung.[101]

So schafft sich die Kultur des 18. Jahrhunderts eine Gestalt, die das männliche Prinzip der Vernunft und das weibliche Prinzip der Sinnlichkeit in einem kontrollierbaren System zu vereinen scheint.

Diese Gleichsetzung der Frau mit einem Zeichen birgt aber auch Gefahren: nämlich das Manko, dass Zeichen und Bezeichnetes nie völlig übereinstimmen können und die Repräsentation immer einen Blinden Fleck haben muss. Dies bleibt der immer neu aufkeimende Zweifel, den das Subjekt in ständiger Reformulierung des Topos bekämpfen will. Der Blinde Fleck der Repräsentation ist schon länger Teil der poststrukturalistischen Forschung und bildet einen gedanklich-impliziten Teil des subversiven Potentials aus, aus dem Künstler und Künstlerinnen der zweiten Hälfte des 20. Jahrhunderts, auch Cindy Sherman, eindrucksvoll schöpfen.[102]

Zuletzt noch eine Bemerkung zum Verhältnis des Melodramas zur Malerei, das sich in den Eckpfeilern Bewegung und Erstarrung manifestiert. Da eine Stilisierung immer eine Reduktion und eine Verlangsamung immer ein Erstarren, ein Sterben beinhaltet, trägt die melodramatische Ästhetik den Tod implizit in sich. Außerdem lässt sich die offensichtliche Verwandtschaft zur Malerei – besonders zu

---

100 Bronfen: Weiblichkeit und Repräsentation 1995, S. 431.

101 Heeg 2000, S. 37.

102 Das subversive Potential des Blinden Flecks der Repräsentation kann an dieser Stelle noch nicht konkretisiert werden, steht aber in logischer Konsequenz dieser Argumentationslinie und dient deshalb an dieser Stelle als Abrundung und Vorausschau.

Renaissance-Gemälden und den barocken Pathosformeln – nicht leugnen[103]. In der ‚Dialektik von Belebung und Erstarrung' ist das Melodrama nicht zuletzt wegen dieser Analogie zur Malerei angesiedelt: Will die Schauspielerin die aus der Bildenden Kunst vorgegebenen Formen glaubhaft verlebendigen, muss sie sie bewegen, gleichzeitig sollen die Bewegungen ihre Perfektion erst in ihrer Erstarrung finden – das Transitorische des Theaters soll im Melodrama mit dem Bildhaften der Malerei in einen fruchtbaren Kontext gebracht werden – Bild und Bewegung gehen im Melodrama eine enge Verbindung ein. Ein weiteres wichtiges Phänomen, das der Begriff der Verlebendigung betrifftt, liegt weniger auf Seiten der Produktion als auf Seiten der Rezeption: Nachdem die Stilisierung Ariadne, Blandine oder auch Medea in die Form gebannt und somit ‚getötet' und gesellschaftsfähig gemacht hat, ist es am Betrachter, die ‚tote Form' mit Leben zu füllen. Es ist keine distanzierte Reflexion oder Identifikation, die hier stattfindet – zu einer solchen Raserei und Verzweiflung kann man keinen rationalen Zugang finden. Welchen Gesetzen die melodramatische Belebung eines ‚toten' Bildes folgt – was ja auch die Ausgangsfrage nach der kollektiven Symbolisierung war – soll im Folgenden an Hand der Fotografien Cindy Shermans und kurzen Seitenblicken auf das Melodramatische im 19. und 20. Jahrhundert ‚vor Augen geführt' werden.

---

103 In der Malerei und Bildhauerei der Renaissance und des Barock sollten vor allem durch den Kontrapost und die Darstellung anderen Körperwindungen, vgl. die figura serpentinata, und die Darstellung der szenischen Interaktion der Eindruck des Lebendigen erreicht werden, wobei nicht über den Bildcharakter hinweggetäuscht werden sollte. Im 18. Jahrhundert verschiebt sich der Schwerpunkt weiter in Richtung Verlebendigung und Illusionismus. Aus dieser Zeit stammt Rousseaus scéne lyrigque *Pygmalion*, die als Vorläufer des deutschen Melodramas verstanden werden kann. Sie handelt auch thematisch von eben diesem Moment der Verlebendigung des Bildes: Galatea, die Skulptur des Künstlers Pygmalion wird durch ihm zum Leben erweckt und zum menschlichen Wesen. Gleichzeitig ist das 18. Jahrhundert bekannt für das Gesellschaftsspiel des *tableau vivant*, in dem sich eine Person oder Gruppe nach dem Vorbild eines berühmten Gemäldes anordnet und in diese Pose des Malerischen einige Zeit verharrt. Sie erstarren zum Bild, was eine Art Unsterblichkeit, Zeitlosigkeit und Bedeutsamkeit suggeriert. Berühmte Darstellerinnen von Tableaus sind Lady Hamilton oder auch Henriette Hendel-Schütz. Vgl. Heeg 2000, S. 377.
Zum Tableau sollen in diesem Kapitel noch andere Beobachtungen folgen – besonders in Bezug auf das Melodrama des 19. Jahrhunderts.

## 4. Die *Untitled Film Stills* im Kontext melodramatischer Bedeutungskonstitution

Die Bedeutsamkeit des Ausschnitts, die narrative Einbindung, die affektive Teilnahme des Betrachters am Bild und die zunächst affirmative, moralische Kraft der *Film Stills* reihen sie in die lange melodramatische Tradition der westlichen Kultur ein. Sie sollen nun Stück für Stück beleuchtet werden – mit Seitenblicken auf die Fragen nach der Verknüpfung von Weiblichkeit und ‚Bild', nach der phallischen Ordnung der Geschlechter und anderen fiktiven Konstruktionen der westlichen Kultur. In wie fern sind Shermans Bilder affirmativ, wann subversiv? Nicht nur die Gattung des Melodramas ist hier brauchbar – auch die Reflexionen zum Bürgerlichen Trauerspiel und zu der ‚empfindsamen Unschuld' finden ihre Analogie in den Bildern Cindy Shermans und sollen, nachdem sie oben der Übersichtlichkeit halber getrennt vorgestellt wurden, wieder in Koexistenz herangezogen werden – sind sie doch komplexe Auswüchse ein- und derselben Ideologie: der des neuzeitlichen, bürgerlichen Subjekts.

Nicht nur Züge des deutschen Melodramas des 18. Jahrhunderts sollen ab nun bearbeitet werden: Auch Elemente des britischen Melodramas des 19. Jahrhunderts und natürlich des Film Melodramas des 20. Jahrhunderts sollen in die Argumentation miteinbezogen werden; Sherman verwendet ganz offensichtlich und bewusst Vorlagen aus der Gattung des amerikanischen ‚Frauenfilms'. Diese Gattung spiegelt nicht nur Amerikas Filmkultur, sondern dank des riesigen Exports aus Hollywood, letzten Endes die gesamte westliche Kultur.[104]

---

[104] Christine Gledhill zeichnet in ihrem Essay *The Melodramatic Field - An Investigation* die Entwicklung der Gattung Melodrama nach und stellt sie in den Forschungskontext (vom abwertenden Urteil bis zur Einsicht der vor allem feministischen Forschung, dass das Melodrama hochideologisch (in jedem Jahrhundert ist das Melodrama eine Gattung des Massengeschmacks, hat also eine große Reichweite) sei, also für poststrukturalistische Dekonstruktion gut geeignet (dazu später mehr). Sie ermöglicht eine solche Betrachtung, indem sie das Melodramatische als eine ‚mode of viewing' versteht, die sich über die Jahrhunderte erhalten und sich über zwei Kontinente verbreitet hat (Europa und Amerika). Das Melodramatische schafft zunächst als theatrale Gattung im 19. Jahrhundert, dann über den Film im 20. Jahrhundert in den USA eine nationale, urbane und demokratische Identität und über eine ‚pop culture' einheitliche Werte und Normen. Dabei verdeckt - meines Erachtens - ein affirmatives Melodrama seine moralische Struktur durch den Illusionismus

## 4.1 Das visuelle Zeitalter und die Sichtbarkeit des Geistes: Körper und Repräsentation im Zeitalter des Films

Die Fotografien, die ich mit ‚Körper'-Bildern und dem Körperverständnis des 18. Jahrhunderts in Verbindung setzen möchte, haben auf den ersten Blick zugegebenermaßen nichts damit zu tun: Es sind keine Stiche oder Zeichnungen zu dramatischen Szenen. Auch stimmen die jeweiligen Darstellungen der Frauen zunächst nicht überein; herrscht doch ein völlig anderes Schönheitsideal und ein anderes Arsenal an Körperhaltungen. Sie haben auch nichts mit dem Theater zu tun. Aber die Fotografien stehen in enger Verwandtschaft zu einem anderen Medium: dem Film. Und dieser ist ja bekanntlich *das* Medium des sichtbaren Körpers. Wie im 18. und auch im 19. Jahrhundert (im Zuge der Veränderungen der lebensweltlichen Bedingungen) der Körper zum Gegenstand wissenschaftlicher und ästhetischer Reflexion wurde und Ideen von der ‚Lesbarkeit' des Ausdrucks oder dem ‚Körper als Theater der Seele' sowie die Frage nach Authentizität an ihm verhandelt wurden, so gibt es eine derartige Welle des Interesses am Körper noch einmal: am Anfang des 20. Jahrhunderts mit der Erfindung des Films. 1924 beschreibt der Filmtheoretiker Béla Balázs, was Theoretiker heute – wie im ersten Kapitel beschrieben – mit dem Wechsel vom *Linguistic* zum *Pictorial Turn* bezeichnen würden:

> Die Erfindung der Buckdruckerkunst hat mit der Zeit das Gesicht der Menschen unleserlich gemacht. (...) So wurde aus dem sichtbaren Geist ein lesbarer Geist und aus der visuellen eine begriffliche. (...) Nun ist eine andere Maschine an der Arbeit, der Kultur eine neue Wendung zum Visuellen und dem Menschen ein neues Gesicht zu geben. Sie heißt Kinematograph. (...) Denn der Mensch der visuellen Kultur ersetzt mit seinen Gebärden nicht die Worte wie etwa die Taubstummensprache mit ihrer Zeichensprache. (...) Seine

und die ungebrochen Fiktion, ein subversives (wie bei Regisseur Douglas Sirk) stellt seine moralische Struktur und Überladenheit aus und bricht den Illusionismus durch Ironie – diese Annahme der Übersichtlichkeit halber vorweg; sie kehrt später am Beispiel Shermans wieder, deren Bilder nämlich melodramatischen Illusionismus vorgeben und dann brechen. Dazu später mehr.
Zum Überblick der Entwicklung des ‚Melodramatischen' vgl. Christine Gledhill: The Melodramatic Field – An Investigation, in: Home is where the heart is – Studies in Melodrama and the Woman's Film, hg. von ders., London 1987, S. 5-39, bes. 1, 5, 8-10, 24/ 25.

> Gebärden bedeuten überhaupt keine Begriffe, sondern unmittelbar sein irrationelles Selbst, und was sich auf seinem Gesicht und seinen Bewegungen ausdrückt, kommt von einer Schichte der Seele, die Worte niemals ans Licht fördern können. Hier wird der Geist unmittelbar sichtbar.[105]

Obwohl über hundert Jahre dazwischen liegen: die aufklärerischen, humanistischen Grundgedanken der Trennung von Körper und Geist[106], von der Lesbarkeit des Körpers auf den seelischen Ausdruck hin, die Universalität der Körpersprache – kurz die Repräsentation – sind noch Substrat der Sichtbarkeit des Körpers im 20. Jahrhundert. Auch ist die Trennung ‚rational und irrational' inhärent, Sprache und Bild werden gegenübergestellt; Tiefe und Bedeutung sind der unausgesprochene Wunsch, der an das Kino gerichtet wird. Am Körper soll sich die unaufhebbare Kluft von Zeichen und Bezeichnendem von selbst auflösen, denn Gefühl und Ausdruck, Bild und Selbst sollen übereinstimmen, so wie es anhand des natürlichen Schauspielstils und auch beim pathetischen Spiel der leidenden Ariadne versucht wurde. Dieses Begehren richtet sich natürlich nicht nur an den Film. Die Fotografie als ‚mimetische Form' unterliegt ebenso diesem unterschwelligen Glauben an die Unmittelbarkeit des Geistes durch den Körper, der in unserer Kultur tief verwurzelt ist.

---

105 Béla Balázs: Der sichtbare Mensch, in: Der sichtbare Mensch oder die Kultur des Films, Frankfurt/ Main 2001, S. 16.

106 Diese Trennung ist bekanntlich schon seit der Antike als Denkmodell präsent, aber nicht in dieser stark diskursiven Form wie im 18. Jahrhundert. Vgl. den Abriss Elisabeth Grosz' über die abendländische Philosophiegeschichte, die seit Plato, der den Körper als ‚Gefängnis der Seele' verstand, die voneinander getrennten Bestandteile Körper und Geist hierarchisiert und weitere Gegensatzpaare dazu bildet. So wird der Körper in der westlichen Kultur seit jeher dem Geist unterstellt; und die Frau als Analogie zum Körper dem Mann, der im Humanismus mit dem universellen, vernunftbegabten und intelligenten Subjekt gleichgesetzt wird. Auch im Christentum findet man diese Trennung in sterblichen Leib und unsterbliche Seele und die Frau wird oft mit Körper und der Körper mit Sünde verknüpft. Mit Descartes findet Anfang des 17. Jahrhunderts die Trennung eine wissenschaftliche Erklärung. Grosz kritisiert diese Trennung, da mit ihr auch stets eine Bewertung mit einhergehe, und der Körper wie die Frau eine Art *blind spot* der westlichen Philosophie bilde. Der Körper werde so zu einem ahistorischen Wert verklärt. Grosz strebt eine Umbewertung des Körpers an und arbeitet an einer neuen Begrifflichkeit für den Körper, was dann auch Konsequenzen für das Verständnis von Frau haben könnte. Elisabeth Grosz: Volatile Body – Torward a corporeal feminism, Indiana 1994, bes. S. 3-6. Zu Grosz' philosophischem ‚Gegenmodell' an anderer Stelle mehr.

## 4.2 Stilisierte Gefühlsmomente: die Rückkehr der malerischen Bewegung in die *Untitled Film Stills*

### 4.2.1 Die Fotografie als Dokument: die ,Wahrheit' des Gefühls

Betrachten wir uns zunächst noch einmal weitere Beispiele der *Film Stills*. Neben den in Punkt 1.2 beschriebenen Typen, der blonden Verlassenen an der Bar und der trotzigen Frau mit der Einkaufstüte, begegnen uns noch weitere ,Gefühlsmomente': die junge Frau mit den brünetten Locken im *Still* #12 drückt sich im seidigen und geblümten Morgenmantel weinend an eine Wand des Schlafzimmers. Auf dem ehelichen Bett vor ihr liegt ein geöffneter Koffer, die Gegenstände und Kleider sind ungeordnet auf dem Bett verteilt. Sie ist fertig geschminkt und frisiert und es scheint, als wäre kurz vor dem Ausgehen ein Streit mit dem Partner entbrannt. In ihrer Wut hat sie ihre Sachen packen wollen. Der aufgenommene Moment zeigt aber eine andere Gemütslage: Sie ist im Moment des Zögerns, des Widerstreits von Vernunft und Gefühl[107], fotografiert. Sie weiß, dass sie gehen muss, schmiegt sich aber flehend an die Wand – als wolle sie den Raum, die Ehe und ihr Leben nicht verlassen und schickt nun ein Flehen an die Götter, dass ihr Mann, der wutentbrannt das Haus verlassen hatte, zurückkommen und sie um Verzeihung bitten möge. Diese eine mögliche Geschichte ist Teil einer – meiner – subjektiven Empfindung und kann völlig unproblematisch durch eine andere Erzählung ersetzt werden. Der ambivalente Ausdruck des Weinens, Zögerns und Krampfens ist aber – wie ich behaupten will – allgemein verstehbar (in unserer Kultur). Über die Sichtbarkeit des Körpers findet eine Kommunikation statt, die immer noch als natürlich verstanden wird, obwohl sie in den Medien meist streng inszeniert ist; wie es auch im Theater des 18. Jahrhunderts ein Bild von Natürlichkeit gab, dem eine Katalogisierung des Ausdrucks voranging, so zeigen die *Film Stills* exemplarisch die hohe Künstlichkeit zugunsten verstehbarer Eindeutigkeit. Die hohe Künstlichkeit der Produktion wird aber auf Seiten der Rezeption verdrängt und ein Bild der Authentizität erzeugt: Die fiktive Übereinstimmung von Zeichen und Bezeichnetem schafft ein rezeptives Grundmuster der

---

107 Auch ein großer und wichtiger Topos unserer Kultur und Kunst seit dem 18. Jahrhundert, an den ,Schwärme' von Mythen gekoppelt sind, man denke an englische Literatur wie Henry James oder Jane Austen oder die deutsche Literatur der Romantik oder des Sturm und Drang, in der allerdings im Gegensatz zu oben genannten Beispielen die vernünftige, ethisch korrekte Liebe logischerweise nie als Sieger hervorgeht.

‚Wahrheit', Wirklichkeit und Essenz, das durch den Charakter der Fotografie (die ja auch das Grundelement des Films ist) verstärkt wird. Das Wesen der Fotografie hat vor allem Roland Barthes mit einem Bestätigungsvermögen und dem Noema des *es-ist-so-gewesen* in Verbindung gebracht, wenn er sie von der Malerei als mittelbare, fingierende Kunst absetzt und sagt:

> Anders als bei diesen Imitationen lässt sich in der Fotografie nicht leugnen, dass *die Sache dagewesen ist.* Hier gibt es eine Verbindung aus zweierlei: Realität und Vergangenheit. (...) das, was ich sehe, befand sich dort, an dem Ort, der zwischen der Unendlichkeit und dem wahrnehmenden Subjekt (...).[108]

Diese dokumentative Fähigkeit beruht für ihn auf der physikalischen Erklärung der Fotografie:

> (...) der Sinngehalt des *es-ist-so-gewesen* ist erst von dem Tage an möglich geworden, da eine wissenschaftliche Gegebenheit, die Entdeckung der Lichtempfindlichkeit von Silbersalzen, es erlaubte, die von einem abgestuft beleuchteten Objekt zurückgeworfenen Lichtstrahlen einzufangen und festzuhalten. Die Fotografie ist, wörtlich verstanden, Emanation des Referenten.[109]

Ohne Vermittlung ist das Foto ein Beweis, dass es in einem gewissen Moment der Zeit einen Ort gegeben hat, der so aussah, wie es das Foto zeigt. Der elementare Zug der Fotografie ist diese Tautologie. Dass zu dieser Kraft zur ‚Wirklichkeit' noch das angebliche Vermögen zur Reduktion auf das Wesenhafte hinzutritt, zeigen die diversen abergläubischen Erzählungen, die die Geschichte der Fotografie begleiten: Nicht umsonst fotografierte man fast ein halbes Jahrhundert lang die Toten, weil man dachte, ihre Seele damit auf die Erde zu bannen und belegte die Bilder geliebter Verstorbener mit einer Aura der Zuneigung, die oft bei Weitem nicht mit der zu Lebzeiten vergleichbar war. Diese besonderen Eigenschaften des Mediums untermauern also noch die angestrebte lückenlose Repräsentation des Gefühls, die absolute Lesbarkeit des Körpers, die im 18. Jahrhundert bereits ein zentrales Thema war.

---

108 Roland Barthes: Die helle Kammer – Bemerkung zur Fotografie, Frankfurt/ Main 1985, S. 86.

109 Barthes 1985, S. 90.

### 4.2.2 Die ‚Unschuld' des malerischen Körpers: Zerrissen- und Geschlossenheit der Heldinnen der *Untitled Film Stills*

Wie das Melodrama Szenen des Ausbruchs und des Leidens der weiblichen Heldin zeigte, die man im Bürgerlichen Trauerspiel nicht sah, weil sie weder der Handlung und dem Dialog, noch dem Fortgang der Geschichte und schon gar nicht der *éducation sentimentale* dienten und so die männliche Ordnung der Vernunft und die Stabilität des Subjekts gefährdet hätten, so zeigen auch die *Stills* Bilder, die man normalerweise nicht sah, weil sie anderen Normen nicht genügt hätten. Cindy Sherman indirekt zu dieser eigenartigen Parallele in ihren Fotos:

> In einigen Fotos habe ich diese Art von B-Filmen imitiert, in denen es meistens um eine Mann-Frau-Geschichte geht. Und dabei geht es fast immer um die Geschichte eines Mannes, bei der die Frau die Rolle der dekorativen Zugabe hat. Das habe ich versucht zu verändern, indem ich Szenen zeige, die man in diesen Filmen normalerweise nicht sieht. Ich wollte, dass diese Fotos wie Szenen aussehen, die ein Filmproduzent herausschneiden würde, weil sie nicht gut genug sind.[110]

Eine weitere Parallele der Bilder zum gedanklichen Gerüst des Melodramas ist das der eindeutigen Darstellung intensiver Gefühlszustände. Die ‚Eindeutigkeit' des Bildes #12 (seine narrativen Einbindungen werden natürlich variieren) – resultiert nicht nur aus dem Schauspiel. Wie bei Ariadne ist das Gefühlsleben tautologisch mit der Umgebung gedoppelt.[111] Zwar findet man in keinem der Bilder eine felsige Küste mit Abgründen, Gewitter oder hohen Wellen, aber das Chaos des offenen Koffers repräsentiert die innere Zerrissenheit der Protagonistin. Auch der *locus amoenus* der Erinnerung an das vergangene häusliche Glück ist evident anwesend – und zwar im Widerstreit der Gefühle. Allerdings findet die Vorstellung der zärtlichen Sehnsucht nicht in der Musik statt, sondern in der narrativen Einbindung durch den Betrachter.

Vermerken wir also: Die Tautologie und der Exzess, also der Überschuss an Determinierung, den die Musik im klassischen Melodrama übernahm, ist hier durch die gedankliche Erzählung, sozusagen das ‚mentale Kino' des Betrachters, übernommen. Die Richtung der Erzählung wird nicht zuletzt durch das gesamte Arrangement der

---

110 Sherman im Gespräch mit Wilfried Dickhoff 1995, S. 25; auch hier bemerkt man ihre künstlerischen Absicht, B-Kunst zu machen. Das Kitsch und B-Kunst Thema wird noch im letzten Kapitel zu erläutern sein.

111 Das wichtige Element der *mise en scéne* soll im Folgenden genauer beleuchtet werden und dient hier nur als gedanklicher Ansatz.

Umgebung ausgelöst: Die *mise en scéne* der *Film Stills* in Verbindung mit dem körperlichen Ausdruck bilden in der gegenseitigen Doppelung die Signifikanz der Szene. Doch bevor dieser Gedanke weiter ausgeführt wird zunächst noch ein Seitenblick auf eine andere wichtige Parallelität zwischen dem klassischen Melodrama und dem ‚Melodramatischen' der *Untitled Film Stills* geworfen.
Nicht nur das Still der im ‚Schlafzimmer-Verharrenden', auch andere *Film Stills* scheinen den Moment des *locus amoenus* zu reflektieren: Im klassischen Melodrama zeichnete sich diese zärtliche Sequenz durch musikalische Ruhe aus. So kontrastierte z.B. eine kleine Variation des Liebesthemas die heftige, grollende Untermalung der Streicher, wenn Ariadne, Medea und Blandine in Raserei umherfielen. Das *Film Still* #11 (Abb. 9) zeigt diese Phase der Ruhe und Sehnsucht nach unerfüllter Liebe: Eine melancholische Frau[112] in viktorianisch anmutendem engem, weißen Kleid und blondem Kurzhaarschnitt liegt mit dem Kopf zum Fußende ausgerichtet auf dem ehelichen Bett (übrigens dasselbe wie das in *Still #12*) und blickt ins Leere. Ihre linke Hand hält zärtlich das kleine weiße Spitzentaschentuch, das fast sie selbst zu doppeln scheint. Erinnern wir uns: Der Ausbruch der melodramatischen Heldin, der das Unsagbare und Unkontrollierte darstellen und die gezähmte Weiblichkeit der bürgerlichen Unschuld zeitweise brechen sollte, wurde dann, um das Selbstbild des Bürgers/ Mannes nicht zu unterlaufen, in die Form einer stilisierten Passion gepresst. In der Streckung der deformierten Gestalt durch die flächige und retardierende Musik wurde diese zur malerischen Gestalt, deren Surrogat der Schleier war. In ihm wiederholte sich, was die Heldin als reaktive, stolpernde, fallende, hilflose Aktionen vollzog. Er war der Nachhall des ungezähmten Anderen, des irrationalen Ausbruchs, der dem Bürgerschauspieler wie dem Bürger im gesellschaftlichen Umgang verwehrt war. Die Biegung der Frau auf dem Bett scheint an diese melodramatische Welle zu erinnern. Das Taschentuch scheint die verkleinerte, verkrüppelte Version des Schleiers zu sein, das Andere der Vernunft ist sehr weit in die Unschuld der phallischen Frau zurückgedrängt. Auch das *Film Still #52* (Abb. 10) zeigt die melodramatische Welle: die Silhouette einer erotisch anziehenderen jungen Frau – ebenfalls auf dem Bett liegend – mit wilden blonden Haaren als Schleier bildet eine geschwungene Linie. Allerdings ist diese malerische Bewegung weitaus unproportionierter: Sie ist verkürzt und kantig. Es scheint

[112] Melancholie wird bekanntlich in der Psychoanalyse mit dem Verlust eines (Liebes-)Objekts in Verbindung gebracht.

auch, als gäre in der Protagonistin der Ausbruch; die Elektrizität der Hassgedanken und der Rache springen fast auf den Betrachter über. Der Ausbruch ist also noch nicht vorbei – wie beim *Still* über die Melancholie – sondern steht noch bevor. Das Unheimliche ist hier noch anwesend, die stabilisierende Stilisierung noch nicht vollendet – obwohl bereits vorhanden. Alle *Film Stills* scheinen die passiven, reaktiven und auf ein männliches Gegenüber ausgerichteten Gefühlsmomente zu zeigen, die für das klassische Melodrama charakteristisch sind: weinende Trauer, trotzige Abwehr, das Hin- und Hergerissensein, die Melancholie und die Rache. Auch die Zähmung durch eine Stilisierung scheint stattzufinden. Alle Figuren sind der stabilisierenden Funktion des Phallus zugeordnet. Woher kommt ihre Phallizität und Unschuld, wenn nicht über die Musik? Das Medium ist erneut ein entscheidender Faktor bei der melodramatischen Bedeutungserzeugung und stößt einen theaterästhetischen Komplex an, der bereits kurz in Bezug auf die ‚Natürliche' Ästhetik Diderots und Chodowieckis Darstellungen signifikanter Handlungsmomente angesprochen wurde: das Tableau.

### 4.2.3 Die *absorption* als Erotik der unschuldigen Bilder und die Kohärenz der Bilder als Kohärenz der Welt

Erinnern wir uns an die Gedanken Rousseaus über die Unschuld und an die psychoanalytische Ordnung der Geschlechter in ein phallisches System. Der öffentlichen Zurschaustellung der Schauspielerin hat Rousseau das ‚Nur-für-sich-sein' des Mädchens in privater Umgebung gegenübergestellt. Nur wenn sie sich alleine wähnt, gebe sich die Frau, wie sie sei. Die Haltung des Mannes ist dann die des Voyeurs, der selber nicht zum Objekt, zum Bild werden kann, weil er nicht gesehen wird. Der Subjektstatus ist ihm sicher; die Frau ist Objekt des Bildes und der fantastischen Besetzung mit Zeichen mütterlicher, libidonöser Vollkommenheit; sie ist der Phallus, der zwar die Kastrationsangst auslöst, aber durch den die scheinbare Geschlossenheit der Figur nicht dominant werden kann. Solche Beispiele des In-sich-vertieft–Seins finden sich in der Malerei des 18. Jahrhunderts in grenzenloser Anzahl. Bekannt ist das Motiv des Mädchens, das um einen toten Vogel weint. Ein berühmtes und vielzitiertes Beispiel ist das von Jean-Baptiste Greuze von 1765, über das Denis Diderot sich voller Begeisterung geäußert haben soll.[113] Heeg zitiert den Kunsthistoriker Michael Fried, der sich mit Genrebildern des 18. Jahrhunderts auseinandergesetzt hat, wenn er das

113 Vgl. Heeg 2000, S. 54.

Bild auf die Imago der Unschuld untersucht und *absorption* als das Hauptcharakteristikum herausstellt:

> Das Charakteristikum dieser Darstellung ist es, zu malen, als rechne die abgebildete Gestalt, vollkommen mit sich selbst beschäftigt, nicht im Geringsten damit, dass sie selbst gesehen wird. Das Bild gibt vor, auf die Dimension der Repräsentation zu verzichten.[114]

Diese ‚Blindheit der Abgebildeten', das nicht-ausstellende, antirhetorische Bild (man beachte hier die erneute Scheinübereinstimmung von Frau und Bild) schafft eine Fiktion von Unschuld, die jede Inszeniertheit zu Gunsten von Authentizität und Wahrheit auszumerzen versucht. Diese Fiktion, der Illusionismus, der sich nach unten auf eine psychoanalytische Ebene weiter ausbreitet, verschleiert jede Struktur, jede Pose. Darüber hinaus macht das

> (...) Mädchen auf dem Bild von Greuze (...) das Angebot fleischlicher Präsenz absichtslos; seine unschuldige, d.h. natürliche Gestalt ist ein glänzender Fetisch, der nur für andere da zu sein verspricht. (...) Weil die Zurückhaltung des jungen Mädchens nicht vorgetäuscht zu sein scheint, kann [der Betrachter] sich ohne Angst auf sie einlassen. Das weckt das Verlangen, sich ihrer zu bemächtigen. Das Bild der Unschuld und der Wunsch nach Verführung sind untrennbar.[115]

Stellt man ohne Umschweife diesem Phänomen ein Zitat Peter Schjeldahls aus dem späten zwanzigsten Jahrhundert gegenüber, der in seiner Reflexion über Shermans Fotografien ganz offen sein eigenes Befinden beim Betrachten der *Film Stills* in die Überlegungen miteinbezieht, scheinen das 18. und das 20 Jahrhundert plötzlich ohne zeitlichen Abstand zu sein:

> Mit jedem Blick auf die unsichere Blondine in der nächtlichen Großstadt verliebe ich mich von neuem in sie. Ich reagiere auf jene Fähigkeit, die Cindy Sherman mit vielen Filmschauspielerinnen teilt – das Geschick, mit dem sie die Verletzlichkeit der Frau sichtbar macht und dadurch (beim Mann) den Wunsch auslöst, zu vergewaltigen oder zu beschützen.[116]

Die Frau als Zentrum des Blicks und als Fetisch, der Erotik und Tugend, Körper und Vernunft auf stabilisierende Weise verbinden kann[117]. So begegnet uns die Darstellung der Frau in beiden Jahr-

---

114 Heeg 2000, S. 55.

115 Heeg 2000, S. 55.

116 Zitiert in Eiblmayr 1993, S. 193.

117 Vgl. Fußnote 82

hunderten. Auch in der Literatur, z.B. bei Diderot, findet man häufig Passagen, die diese Machtkonstellation indirekt thematisieren und dem Betrachter eine Mehrzahl an Identifikationsmöglichkeiten bieten. Man denke nur an eine im 18. Jahrhundert fast schon inflationär verwendete Sequenz, in der sich ein (meist stummes) Mädchen einem Verhör unterziehen und dem Verdacht der Koketterie, also der verlorenen Unschuld, stellen muss. Als Leser kann man sich dann, je nach dem, ob sie lächelt oder weint, orientieren und sich entweder mit Figuren identifizieren, die ihr glauben, oder mit welchen, die es nicht tun.[118] Den Subtext bildet dann die Fantasie des Zuschauers, der sie, falls sie lügt und sich ihrer Reize bewusst ist, wieder unterwerfen, also vergewaltigen, oder, falls nicht, beschützen muss. Die Grundkonstellation beider Optionen ist die der Stabilisierung des Ich durch den Anblick der Frau, deren Zurückblicken tabu ist. In Literatur und Malerei ist diese Voraussetzung der *absorption* sehr schnell gewährleistet, wobei es für das Theater ein schweres Unterfangen ist, da man es mit Schauspielerinnen zu tun hat. Diderot schafft bekanntermaßen die Repräsentation auf dem Theater (scheinbar) ab, indem er *tableaus* erfindet. Diese antirhetorische Ästhetik für das Theater erschafft die vierte Wand als Trennlinie zum Zuschauer, um die Natürlichkeit zu gewährleisten und das Theatralische zu minimieren. Diderots Illusionstheater, das sein Bildmaterial aus der Malerei und der Pantomime schöpft, steht völlig im Dienste der angestrebten *absorption.* Wie der Figur des Theaters durch eine scheinbare Trennlinie der Gegenblick verwehrt bleibt, so ist die gemalte wie die fotografierte Unschuld ohne Macht des Blicks. Besonders dominant zeigt sich das Phänomen der *absorption* aber an der Reihe der *Centerfolds* (so nennt man übrigens die Posterbeigaben in Erotikmagazinen) und den *Pink Robes* von Cindy Sherman. Auch sie zeigen stereotype Frauenfiguren, die an Filmheldinnen erinnern; sie sind aber viel größer, farbig und die Flächen der Bilder sind weitaus mehr von den Körpern der Figuren eingenommen, was einen stärkeren Eindruck der Nähe erzeugt. Hier werden die Frauenfiguren stärker in den Kontext des Blicks des Rezipienten eingebunden und die Relation zu einer männlichen Figur auf der fiktiven Ebene weiter zurückgedrängt. Den *Pink Robes* dichtete Schjeldahl ganz im Sinne einer längst überholten Frauenforschung[119] fälschlicherweise an, sie würden die ‚real Cindy' zeigen[120],

---

118 Vgl. Heeg 2000, S. 58/ 59.
119 Vgl. Fußnote 23.

nur weil sie auf diesen Bildern nichts außer einem pinkfarbenen Bademantel trägt. Der nackte Körper wird oft mit der Identität oder Entität gleichgesetzt, die ebenso fiktiv sind wie die Konditionierung des Körpers.[121] Sherman konzipierte diese Bilder als Momente in Drehpausen einer Pornofilmproduktion, und erscheint völlig indifferent und ungeschminkt, für unser Verständnis zunächst natürlicher als bisher. Auffällig ist, dass obwohl der Blick in mindestens einem der Bilder zurück in die Kamera gegeben wird, er nicht aus der *absorption* herausreicht: Durch das ‚entrückte' Medium der Fotografie (sie ist nach Barthes zugleich real und vergangen) ist die Geschlossenheit zunächst noch intakt.[122] Die Geschlossenheit der *absorption* meint immer auch eine narzisstische, selbstgenügsame Haltung, die sich mit der Abgeschlossenheit der Fotografie doppelt. Jean Baudrillard beschreibt diesen Vorgang in Bezug auf den Striptease und macht die Phallizität einer solchen Inszenierung/ Ästhetisierung noch einmal explizit, wenn meint, dass die fallenden Kleider den Körper als Phallus markieren, die autoerotischen Gesten die des Geliebten repräsentieren und so einen Dialog ausschließen[123] – wie das Melodrama. Die stilisierende Technik der Verlangsamung, die das Melodrama so artifiziell im Ausdruck macht, ist hier auch essentiell für die Wirkung des kastrierten, weiblichen Körpers – für das Begehrenswerte. Wichtiger Bestandteil davon ist auch der in-sich-vertiefte Blick:

> Dieser Blick ist der neutralisierte Blick der autoerotischen Faszination, der Blick der Objekt/ Frau, die sich selbst be-

---

120 Zitiert in: Amada Cruz: Movies, Monstrosities and Masks – Twenty Years of Cindy Sherman, in: Cindy Sherman - Retrospective, hrsg. vom Museum of Contemporary Art Chicago/ Los Angeles, London 1997, S. 7. Peter Schjeldahl befindet sich mit seiner Sehnsucht nach der stabilen Identität, der Übereinstimmung von Künstlerin und dargestellter Figur in jener unkritischen Position wieder, die der sich unbewusst selbststabilisierende Bürger innehat.

121 Über das Körperverständnis der westlichen Kultur später in Bezug auf die *Sex Pictures* mehr. Besonders Grosz setzt sich mit dem Körper in der westlichen Kultur auseinander – auch mit der ‚Idee' von Nacktheit, die mit einem Glauben an den ontologischen Status des Körpers einhergeht.

122 In Bezug auf die subversive Kraft der Bilder sollen später die Risse in der Fiktion wieder ans Licht gebracht werden, die ich momentan wegargumentiere, um die melodramatische, affirmative Fassade der Werke Shermans in den Kontext westlicher Techniken zur Erzeugung von Bedeutung und der Erhaltung von diskursiver Macht zu stellen.

123 Vgl. Jean Baudrillard: Der symbolische Tausch und der Tod, München 1991, S. 167-170.

> trachtet und ihre weit geöffneten Augen in dieser Selbstbetrachtung verschlossen hat. Dies ist nicht die Folge eines zensierten Wunsches: es ist der Gipfel der Perfektion und Perversion. Es ist die Vollendung des ganzen sexuellen Systems, das die Frau nur dann so verführerisch macht und ganz sie selbst sein lässt, wenn sie es akzeptiert, zunächst *sich selbst* zu gefallen, wenn sie Gefallen daran findet, außer ihrem eigenen Bild keinen anderen Wunsch, keine Transzendenz zu kennen.[124]

An anderer Stelle kreist er diese narzisstische Geschlossenheit, um die sich auch die Idealbilder der weiblichen Tugend Rousseaus und Diderots unbewusst bewegen, weiter ein:

> Die Striptease -Tänzerin ist eine Göttin, wie Bernardin sagt, und das Verbot, das auf ihr liegt, das sie um sich errichtet, bedeutet nicht, dass man ihr nichts *nehmen* könnte, (...), sondern viel mehr, dass man ihr nichts geben kann, weil sie selbst sich alles gibt, und daraus entsteht die vollendete Transzendenz, die ihre Faszination ausmacht.[125]

Das scheinbar unbewusste, nur zum Selbstzweck aufgeführte erotische Schauspiel, das nicht auf die bedrohliche und bewusste Verführung des Mannes abzielt und die kindliche Naivität, die an ein

---

124 Baudrillard 1991, S. 170.

125 Baudrillard 1991, S, 169.
Den hier nicht weiter ausgeführten thematischen Komplex der Selbstbeobachtung, der Kontrolle der Frau auf eigene begehrenswerte Merkmale hin, haben Kolesch (und Grosz) angemerkt: „Frauen haben qua Sozialisation einen verobjektivierenden Blick auf sich selbst internalisiert, auf ihren Körper und dessen Erscheinungsbild, ihre Mimik und Gestik oder auch den Sitz ihrer Kleidung. Sie agieren im Angesicht einer Beobachtungsinstanz, die – wiewohl ihnen äußerlich und fremd – längst zu ihrer eigenen geworden ist." Kolesch 1998, S. 185.
In den *Untitled Film Stills* gibt es mindestens zwei Bilder, das #2 (Abb. 14) und #81 (Abb. 13), in denen die Frauenfiguren je über den Blick in den Spiegel ihre Wirkung und Attraktivität überprüfen. Der Spiegel ist der Stellvertreter des Blick des Anderen/ des Mannes. Interessant hier, dass beide eine Art vorteilhafte Pose einnehmen; zur Pose wird noch etwas zu sagen sein. Interessant noch als Nachtrag: das *Still #56* (Abb. 15), das eine Art Gesichtsportrait über den Spiegel ist, zeigt statt einem scharfen, identitätsstiftendem Selbstbild eine verschwommene, unkonturierte Fläche. Statt Subjektivität, die der Mann über sein Spiegelbild und den Blick auf die Frau erhält, zeigt der Spiegel ihr Frau eine blinde Fläche: das erinnert an Irigarays These, dass die Frau in unserer Kultur einen fantasmatischen und objekthaften Status innehat, die Position des blinden Flecks der Repräsentation einnimmt und nur als Projektionsfläche für das Andere dient.

Spiel erinnert, bilden das Substrat des phallischen Blickgebäudes unserer Kultur. Grob gesagt: Die trotz Verführung gewahrte Unschuld löst den Wunsch nach dem Beschützen aus, wohingegen der Blick aus dem geschlossenen erotischen Spiel heraus, den Impuls zur ‚Vergewaltigung' – im weitesten Sinn – gibt, um die männliche Autonomie wiederherzustellen. Diese Mechanismen schwingen subtil bei der Betrachtung der bildhaften, als kastriert emblematisierten Frau mit.

Beim *Centerfold/ Horizontal Untitled* #93 (Abb. 12) ist dieser Mechanismus der *absorption* zunächst noch intakt, dennoch gewinnt die sonst sehr subtile Schwingung der Vergewaltigung hier mehr und mehr Platz – zumindest auf inhaltlicher Ebene. In diesem ‚szenischen Moment' ist ein männlicher Protagonist weniger präsent als bei den *Film Stills*, diese Rolle übernimmt in den *Centerfolds* der Betrachter selbst: Wegen der Verstärkung des Verhältnisses Bild und Betrachter durch Licht, Perspektive, Arrangement und Ausschnitt, muss man sich unfreiwillig (natürlich je nach Repertoire an möglichen Handlungen) mit einem Vergewaltiger identifizieren.[126] Man blickt nämlich von oben auf die junge Frau mit blondem Haar herab. Das Querformat des Bildes unterstreicht die horizontale Liegerichtung der Figur. Das Bett ist mit schwarzer Satinbettwäsche überzogen, das Mädchen zieht sich die Decke an die Brust, sein Haar ist zerzaust, der Gesichtsausdruck verschlossen, sie wirkt nachdenklich bis sprachlos. In ihrem Gesicht sind kleine Schweißtropfen sichtbar, die dunkle Farbe des Augenmake-Ups ist verschmiert ebenso der Lippenstift. Laut eigener Aussage hat die Künstlerin in den bunten Aufnahmen mit Licht experimentieren wollen. Das Resultat sind diese fast intim wirkenden, theatralen Bilder, die sich einer intensiven Licht-Schatten Beleuchtung verdanken. Die hier anzitierte Technik des Close-Ups ist natürlich eine gängige Darstellungskonvention des Films: Sie dient seit dem Stummfilm der Charakterisierung eines Gefühlsmoments. Das Portrait im Großbild – meist frontal – regt beim Zuschauer die Interpretation der möglichen Gedanken und Gefühle der gezeigten Person im Kontext der Handlung an. Verstärkt wird der beabsichtigte Eindruck durch eine

126 "The most potentially suggestive of the works, *Untitled #93*, depicts a woman with messy hair and smudged makeup in bed covering herself with black sheets. She looks torward a light that shines in her eyes. Although some critics read this as a scene after a rape, Sherman stated that she was imagining someone who had just come home in the early morning from being out partying all night, and the sun wakes her shortly after she had gone to bed." Amada Cruz 1997, S. 6.

intensive Lichtregie. Den Ursprung der von Sherman Licht-Schattenmalerei findet man im Theater des 19. Jahrhunderts:

> From the late 18th century to 1900, the whole period of the rise an flourishing of the melodrama (...) [in the UK], the theatres capacity to create and manage light increased exponentially, with the Argand lamp (1780s); gas (from the 1820s) and control plate. Limelight (1837) and electric arc (1848); and finally the incandescent lamp (1880s). The capacity to light is also the ability to create contrasts.[127]

Dieses chiaroscurohafte Licht ist eine illusionistische Technik, die im 19. Jahrhundert mit dem Fortschreiten der Theatermaschinerie – besonders für das Melodrama – eingesetzt wurde. Martin Meisel bearbeitet in seinem Essay über den Einsatz des Lichts im Melodrama des 19. Jahrhunderts[128], den starken ‚pictorialism', die starke Visualität der Ästhetik.[129] Effekt und Atmosphäre sind die zentralen Begriffe, die aus der Malerei entliehen (man denke nur an die Schattenmalerei Rembrandts oder die grelle fast fotografisch-anmutende Lichttechnik Caravaggios) sind und um die sich die Sichtbarkeit des Melodramas bewegt. Aber nicht nur durch Licht sollte der Illusionismus, also die *absorption*, erzeugt werden, sondern auch die Techniken des Panoramas und Dioramas waren theaterpraktische Innovationen, die für das Melodrama nicht nur funktionale Wichtigkeit

---

127 Martin Meisel: Scattered Chiaroscuro – Meldorama as a matter of seeing, in: Melodrama – Stage, Pictue, Screen, hg. von Jacky Bratton/ Jim Cook/ Christine Gledhill, London 1994, S. 65-81.

128 Das Melodrama des 19. Jahrhunderts soll wegen der sonst ausufernden Betrachtung nicht weiter definiert werden als in kurzen Seitenblicken, die für die Analyse der Bilder Shermans von Belang sind. Aber es sei kurz vermerkt, dass sich das englische M. des 19. Jahrhunderts von einem Monodrama wieder in ein Mehrpersonen bzw. Mehrtypenstück verwandelt. Es sind zumeist Spiele aus tragischen und komödiantischen Elementen mitsamt burlesker und pantomimischer Einlagen. Die Handlung beschränkte sich meist auf einen offensichtlichen Konflikt zwischen einer tugendhaften (oftmals stummen) und einer schurkischen Figur, der einen glücklichen Ausgang fand. Weiter typische Merkmale zu gegebenem Zeitpunkt.

129 Martin Meisel 1994, S. 66.
Die hell-dunkel Technik des Lichts hat auch eine psychoanalytische Implikation: Das Sichtbare und das Unsichtbare (nach Freud das Unheimliche, das auch das weibliche Genital bedeutet) finden sich hier als zwei Seiten derselben Medaille wieder und erzeugen ein dichotomisches Weltbild, einen hohen Grad an Moralität. Auch die oben gezeichnete bürgerliche Abgrenzung des Anderen, das im Melodrama gezähmt auf die Bühne zurückkehrt, findet hier seine Analogie.

haben, sondern auch den philosophischen Hintergrund sichtbar machen, vor dem sich das Theater als Medium des ,Weltbabbildung' bewegt. Besonders das Doppeleffekt-Diorama als Verbindung aus Kunst und Industrie vergegenständlicht bürgerliche Seherfahrung, indem es einzelne Bilder durch die Technik in eine filmähnliche Sukzession verwandelt und mit dem Spiel vor dem beweglichen Hintergrund eine Reihe bedeutsamer Augenblicke herstellt; wie Ariadnes malerische Bewegung werden im bürgerlichen Melodrama des 19. Jahrhunderts einzelne Fragmente an Augenblicken zu einem bedeutenden Fluss verwandelt.

> Die penibel gewahrte horizontale Perspektivik, die den Ausschnitt zugunsten einer ,begrenzten Unendlichkeit' aufgibt, rückt das Beobachtete in eine imaginäre Einheit sich ständig ablösender Eindrücke. Wenngleich flächenhaft, ist es unverkennbar ,unsere Welt', in der kraft einer selektiven Totalitätsillusion das Erhabene mit dem Niederen, Natur und Technik, Privates mit Öffentlichem, Palast mit Hütte verbunden werden.[130]

Diese Ästhetik der Vereinheitlichung, der Unterordnung vieler Bilder unter einen Sinn, wird Ende des Jahrhunderts mit dem Film ,verwirklicht' und erinnert auch an die Totalität eines Romans. Das Melodrama des 19. Jahrhunderts zielt auf diese Illusion und Totalität ab und ahmt damit ein bestimmtes neuzeitliches Weltbild nach, das Susan Sontag in ihrer Analyse der Fotografie nachzuzeichnen vermocht hat, und das später in ähnlicher Form das beschreibt, was man als ,Blickregime'[131] bezeichnen könnte: Die Verbindung von Bildern zu einem Sinn, die Zuordnung einer Reihung in einen Inhalt ist die Essenz des Melodramas und scheinbar der menschlichen Wahrnehmung schlechthin:

> Diese Welt ist nicht deshalb die ,eine Welt', weil sie eine Einheit ist, sondern weil eine Exkursion durch ihre mannigfaltigen Inhalte keinen Konflikt offenbart,, sondern nur eine noch erstaunlichere Vielfalt. Diese Einheit der Welt wird durch die Übersetzung ihrer Inhalte in Bilder bewirkt. Bilder sind stets miteinander vereinbar oder sie können miteinan-

---

130 Johann Schmidt: Ästhetik des Melodramas – Studien zu einem Genre des populären Theaters im England des 19. Jahrhunderts, Heidelberg 1986, S. 311.

131 In Ihrem gelungenen Aufsatz *Dem Blickregime begegnen* beschreibt Kaja Silverman unser ,fotografisches' oder bildhaftes Wirklichkeitsverständnis und untersucht Shermans Bilder in Bezug auf das ,Blickregime', was noch in Bezug auf die Pose zu erläutern sein wird.

der vereinbar gemacht werden – auch dann, wenn die Wirklichkeiten, die sie darstellen, es nicht sind.[132]

Auch aus dieser Perspektive zeigt sich: Die Ordnung in einen Sinn, die beim Rezipienten über die emotive und narrative Verbindung der Bilder entsteht, ist sowohl Substanz des Melodramas als auch der abendländischen Ideologie schlechthin. Sichtbare Oberfläche und Sinn werden konsequent in ein natürliches Abhängigkeitsverhältnis gebracht, die ein sicheres Leben mit den unzähmbaren Eindrücken ermöglicht, darauf wird noch einmal – oder immer wieder – zurückzukommen sein.

An dieser Stelle noch ein kurzer Verweis: Die Optizität des Panoramas und des Dioramas ist mit dem melodramatischen Theater im 19. Jahrhundert nicht untergegangen. Es findet – aus hauptsächlich finanziellen Gründen – eine Rückkehr in den Film und die Fernsehserie. Die Rear Screen oder heute die Blue Screen ist ein perfektioniertes bewegtes Panorama, das die dreidimensionale, körperliche Figur in einen zweidimensionalen Kontext stellt, der dann in der Wahrnehmung des Zuschauers in eine – gewollte – perfekte Illusion des einheitlichen Bildes überführt wird. Sherman hat dieses Phänomen in den *Rear Screen Projections*, der Reihe, die chronologisch auf die *Film Stills* folgt, aufgegriffen und diesen Komplex der Bildwerdung reflektiert. So zeigt das Untitled #76 (Abb. 16) eine junge Frau mit rötlichen, kurzen Haaren und aus einer Bierflasche trinkend (die Protagonistinnen der *Rear Screen Projections* sind wesentlich emanzipierter als die der *Film Stills* und bewegen sich – scheinbar – nicht nur in privatem Ambiente) vor einer projizierten Hauswand, die durch die Linseneinstellung zudem noch unscharf gezeichnet ist. Die Beleuchtung der Figur, die besonders auf die Kunsthaarperücke aufmerksam macht, ist sichtlich von der Farbigkeit des Dias unterschieden, der kombinatorische Charakter sogar explizit sichtbar gemacht. Der Bild im Bild Charakter ist offengelegt, die Illusion gestört – was die Bildwerdung des Modells in den Vordergrund treten lässt und die Frage nach der Verknüpfung in einen sinnhaften und emotionalen Zusammenhang aufwirft: Die eigene Wahrnehmung wird zum Thema. Diesen Mechanismus der Aufdeckung beherrscht Sherman perfekt und er soll auch Thema des 5. Kapitels werden. An dieser Stelle sollte nur noch einmal verdeutlicht werden, wie stark das Melodrama sich der Visualität zur Sinnerzeugung bedient und welche ideologischen Effekte (nicht im intentionalen Sinne, sondern eher im Sinne von Foucaults Idee der *Macht*) es haben kann –

---

132 Susan Sontag zitiert in: Schmidt 1986, S. 312.

schließlich kann die Weltwahrnehmung enorm beeinflusst werden, indem sie den bevorzugten Sinn über Wiederholung, Tautologie, Exzess oder Überdeterminierung – wie man es nennen möchte – steuern kann. Diesen totalen Sinn verkörpert im Melodrama besonders das Tableau, das in seiner Arrangiertheit und Inszeniertheit seinen künstlichen Status leugnet und den der ‚natürlichen' Weltwahrnehmung einnehmen möchte. Das Tableau, das man als *mise en scéne* begreifen kann, greift den Aspekt der Pose auf: Menschen werden mit der Umgebung zum Bild verschmolzen.

## 4.3 Tableau und Totalabbildung: das Melodrama des 19. Jahrhunderts im Kontext bürgerlicher Mythen

Die oben beschrieben Art des *In-sich-vertieft-seins* und der *absorption* ist die Grundvoraussetzung des melodramatischen, sinnhaften Tableaus. Der Begriff des ‚Tableaus' ist weitläufig und soll deshalb genauer eingegrenzt werden.

### 4.3.1 Die Perspektive als bedeutender Ausschnitt: das Tableau, der souveräne Blick und der Mythos

Vor allem Diderot hat den Begriff des Tableaus geprägt. Für ihn war die Tableau-Ästhetik eine Art Realismus oder Naturalismus, denn das *In-sich-vertieft-sein* schloss jegliche Repräsentation oder Deklamation, die bis dato die Bühnen des Klassizismus beherrschte, ein.

> Das ideale Theaterstück denkt man sich als eine ununterbrochene Abfolge von Tableaus. (...) Was ist ein Tableau? (...) Ein Gemälde, übersetzt Lessing Diderot. (...) Weil die Personen eines Tableaus nicht wissen, dass sie beobachtet werden (...) wollen sie dem Betrachter auch nichts bedeuten. Sie sind nicht Exempla einer biblischen oder mythologischen Lehre, Moral und Fabel, sondern scheinen – aus dem rhetorischen Rahmen getreten – einfach vorhanden, nah und vertraut.[133]

Diese Reihung von prägnanten Momenten, also ein Fluss von bedeutenden Einzelbildern, strebte bekanntlich auch Chodowiecki für seine Stiche, z.B. für das Bürgerliche Trauerspiel *Kabale und Liebe*, an. In Personenarrangements sollten alle Beziehungen der Protagonisten zueinander offensichtlich werden: das Verhältnis Vater und Sohn im Kontext der Familie, das Verhältnis der Liebenden zueinander oder die Machtstruktur und das (noch bestehende) Machtgefälle zwischen Adel und Bürgertum. Die gewünschte Natürlichkeit

---

133 Günther Heeg: Szenen, in: Literaturwissenschaft – Einführung in ein Sprachspiel, hg. Von U. Renner und H. Bosse, Freiburg 1999, S. 259.

des Tableaus resultiert bei Diderot daraus, dass das Bild eine Erinnerung des Ereignisses, also der Wahrscheinlichkeit gemäß, sei und Wahrheit zeige: Denn es zeigt die Übersicht, die das gesamte menschliche Handeln umfasst und die dem Menschen, der in das Leben verstrickt, nicht erkennbar ist, da ihm im Gegensatz zum Betrachter eines zentralperspektivischen Tableaus die Distanz fehlt. Diese Ordnung der Welt lässt sich nicht über den begrenzten Dialog vermitteln, sondern sie muss sich über die den Exzess, also die Körpersprache und die Kombination der Körper vermitteln.
Die Semiose des Augenblicks, die sich aus dem Exzess, der Tautologie und der Überdeterminierung speist, ist nur über seinen Ausschnittcharakter möglich: Der Ausschnitt ist ein wichtiger wahrnehmungstheoretischer, also philosophischer Aspekt, für den weiter ausgeholt werden muss – schneidet er doch den Diskurs über die Wirklichkeit an. Zunächst über das Medium der Malerei (man denke nur an den Rahmen oder den oft dargestellten Blick aus dem Fenster) wurde ein mimetischer Darstellungsmodus der Welt geschaffen, der sich dann in der Fotografie objektiv verwirklichen ließ, und der die Wahrnehmung wiederum beeinflusste, nämlich dahingehend, dass die Welt ein Fotografiergesicht[134] bekommen hat, doch dazu später mehr. Die traditionelle Darstellungstechnik ist die des Ausschnitts, gegenüber dem man sich souverän fühlen und einen ‚Herrscherblick' haben kann;[135] die uns umgebende Welt ist dann eine Reihung dieser Ausschnitte; der Modus der Darstellung wie

134 Vgl. Silverman 1997, S. 45.

135 Gemäß dem bürgerlichen Subjektstatus, der sich aus der eigenen Ganzheit und der Überlegenheit gegenüber des kastrierten Weiblichkeitsbildes speist, wird hier über Berechnung und Geometrisierung Souveränität geschaffen.
Ähnliches lässt sich über die Natur des Körpers sagen, der über Anatomiestudien seit der Neuzeit als beherrschbare Natur verstanden wird. Bild und Körper werden zu Gunsten eines rationalen Wirklichkeitsbildes verwechselt. Über die ‚naturgemäßen' Darstellungen des Körpers wir auch das zweite Geschlecht (zuvor gab es z.B. nach Thomas von Aquin nur ein Geschlecht, die Frau galt als verhinderter Mann) medial erzeugt. Ab dem Zeitpunkt gibt es das biologische Geschlecht. Da Künstler zumeist für die Naturdarstellung verantwortlich waren, kommt nur dem Mann der Status des Schöpfers und Naturüberwinders zu: Die Frau ist nur Objekt der Darstellung.
Vgl. Sigrid Schade und Silke Wenk: Inszenierungen des Sehens – Kunst, Geschichte und Geschlechterdifferenz, in: Genus – Zur Geschlechterdifferenz in den Kulturwissenschaften, hg. Von Hadumod Bussmann, Stuttgart 1995, bes. S. 382ff.

der Wahrnehmung ist ein mimetischer. Natur und Bild werden als Ein- und Dasselbe verstanden: die Kluft von Zeichen und Bezeichnetem wird zu Gunsten eines kohärenten Wirklichkeitsbildes verleugnet. Das Wirklichkeitsverständnis der westlichen Kultur ist von einem perspektivischen Illusionismus geprägt, der erst seit dem 20. Jahrhundert hinterfragt und dekonstruiert wird – man denke an die abstrakte Kunst der Moderne oder monochrome Werke der Postmoderne.

Die Bühne des Diderotschen Tableaus ist völlig in dieser Wahrnehmungstradition verhaftet. Die Guckkastenbühne – zumal mit vierter Wand – ist eine ‚helle Kammer', deren Wahrhaftigkeit aus der Berechnung und Geometrisierung des Raums resultiert. Das Tableau ist also wegen der räumlichen Bedingung des Theaters ein Ausschnitt – wie das Bild in einem Rahmen; es bildet mit dem Betrachter das Dreieck der Perspektive, ist nach Barthes ein ‚Fetisch mit sauberen Rändern'.[136]

> Im Theater, im Film und in der traditionellen Literatur werden die Dinge immer von irgendwoher gesehen, das ist das geometrische Fundament der Abbildung: es bedarf eines Fetischobjekts, um das Bild anzuordnen. Dieser Ursprungsort ist immer das Gesetz: das Gesetz der Gesellschaft, das Gesetz des Kampfes, das Gesetz des Sinns.[137]

An dieser Stelle wird klar: das Wirklichkeitsbild ist immer subjektiv und fiktiv (auch wenn es – zumeist in der Wissenschaft – als objektiv rezipiert wird); es wird nach den Diskursen geformt und durch Wiederholung gefestigt. Diese Modulation ist besonders prägnant, wenn es sich um Idealbilder handelt.

Obwohl Fetisch, ist das Tableau aber auch vollständig: es ist eine geschlossene Gestalt, der man nichts mehr hinzufügen könnte, die die eingefrorene ‚Essenz' sowohl der Handlung als auch des Lebens/ der Gesellschaft selbst zeigt – die Konstruiertheit oder Künstlichkeit wird zu Gunsten des Sinns verleugnet. Wie schafft das Tableau den Illusionismus der Natürlichkeit, noch dazu Wahrheit? Warum ist ein Bild – besonders ein gestelltes Bild aus lebenden Menschen – so wahr? Weil es die Handlung versteinert, verbindet es Vergangenheit (die Bewegung, die Aktion) mit der Gegenwart (dem Sein an sich) und der Zukunft (so wird es immer sein, auch wenn es nie wieder so offensichtlich sein wird). Nach einer Idealvorstellung,

---

136 Vgl. Roland Barthes: Diderot, Brecht, Eisenstein, in: Ders.: Der entgegenkommende und der stumpfe Sinn, Kritische Essays III, Frankfurt/ Main 1990, S. 95.

137 Barthes 1990, S. 101.

die z.B. bei Diderot vor allem bürgerlich geprägt ist, werden die Personen so arrangiert, wie es sein soll, was dann als natürlich rezipiert wird, weil man es so für moralisch richtig hält (weil es das soziale Zusammenleben ermöglicht). Es ist also ein Schutzmechanismus, eine beruhigende Narration, die dem Unerwarteten des Lebens eine ruhige und stabile Ordnung gibt. Die Realität des es-ist-so (des Arrangements zum Tableau oder entsprechend in der Fotografie: *es-ist-so-gewesen*) und die Realität des gesetzten Guten und Richtigen bestätigt die bürgerliche Wunschvorstellung, weil sie nachweisbar präsent ist. Das heißt, das Tableau speist sich aus bürgerlichen Wunschvorstellungen und bestätigt diese rückwirkend. Es hat einen *sozialen Gestus*: Barthes greift auf Brechts Theater zurück, um an Hand des *sozialen Gestus* die Prägnanz eines Moments zu erklären:

> (...) er ist eine Geste oder eine Gesamtheit von Gesten (...), aus der sich die gesamte soziale Situation herauslesen lässt. Nicht alle Gesten sind sozial: An den Bewegungen eines Mannes, der eine Fliege verjagt, ist nichts sozial; aber wenn sich eben dieser Mann, schlecht gekleidet, gegen Wachhunde wehrt, so wird des Gestus sozial; die Geste, mit der die Marketenderin die ihr gereichte Münze prüft, ist ein sozialer Gestus; (...)[138]

Barthes beschreibt hier im Grunde den wichtigsten Charakterzug des Melodramas: die Signifikation über die Tautologie. Erst wenn alle Zeichen auf einen Sinn hin zusammenwirken, setzt die Universalität ein. Ein Bild spricht für eine Gesellschaft. Auf diese Weise, also mythisch, arbeitet das Tableau. Mythen sind ein sekundäres Zeichensystem, das statt das Gesehene genealogisch[139] zu verstehen,

---

138 Barthes 1990, S. 98.

139 Als Waffe gegen bürgerliche Mythenvorstellungen versteht Michel Foucault die Genealogie. Er stellt in der Nachfolge Nietzsches die Genealogie der Historie gegenüber, die er kritisiert: Denn obwohl die Geschichtsschreibung seit dem 19. Jahrhundert sich als eine objektivwissenschaftliche Aufdeckung kausaler Zusammenhänge versteht, die mit souveränem Blick außerhalb der Geschichte zu stehen scheint, ist sie in der Ansicht Foucaults eine subjektive, kulturell geprägte Fiktion, die der Geschichte eine Logik oder Bedeutsamkeit andichtet, die so nicht gegeben ist. Die Genealogie dagegen beschäftigt sich mit der jeweiligen kulturell geprägten Situation, die eher ein zufälliges Zusammentreffen von Ereignissen ist. Darauf könnte die Parodie, der Karneval der Werte und des Sinns aufmerksam machen. Vgl. Michel Foucault: Nietzsche, die Genealogie, die Historie, in: Ders.: Von der Subversion des Wissens, Frankfurt/ Main 1987, bes. S. 69-76 und 79-86

es in einen zeitlosen Wahrheitsstatus übersetzt. Damit deformiert es den primären Sinn zu einer allgemeinen, naturalisierten Aussage, die außerhalb der Geschichte steht – also auch scheinbar außerhalb des kulturellen Wandels, obwohl sie zutiefst kulturell geprägt ist. Diese Erzeugung einer tieferen Bedeutung, eines Bilds der Wirklichkeit und eines ‚ewigen Menschen'[140], erfolgt über die Narration, die natürlich immer eine Reduktion ist, eine Verwandlung in Stereotypien (wie die Marketenderin oder der von Hunden verfolgte Mann). Erinnern wir uns an den oben zitierten Gedanken Barthes zur Tautologie, das sie eine ‚unbewegliche Welt' schaffe; sie tut es, indem sie über die Eindeutigkeit einen Mythos anstößt, der in der bürgerlichen Gesellschaft verwurzelt ist und eine moralische Haltung zum Gesehenen impliziert. Die Basis des Mythos ist der ‚gesunde Menschenverstand', er übersetzt das Gesehene in universelle, essentielle Typen. Auf dieser mythischen Grundlage agiert das Melodrama. Das kann an Hand des 19. Jahrhunderts exemplifiziert werden, da das 19. Jahrhundert eine wichtige Station auf dem Weg der ‚Mythenbildung' ist.

### 4.3.2 Das melodramatische Tableau des 19. Jahrhunderts: die Mischgattung als Totalabbildung menschlichen Daseins

Stellten Diderots Tableaus in erster Linie eine Familienordnung, die sich natürlich auf das Politische überträgt, dar, zeigten die Tableaus Pixerécourts eine Metapher der Weltordnung an sich. Die typische Handlung des Melodramas wurde in einem Schlussmoment noch mal zusammengefasst:

> Dem eher durchschnittlichen Helden ist ein vermeintlich omnipotenter Schurke gegenübergestellt, der sein Glücksverlangen planvoll zu verhindern sucht, indem er ihm das Gesetz des Unheils aufzwingt (z.B. die Trennung von der Geliebten). Er greift dabei zu allen möglichen Listen und Finten, um in seinem hybriden Machtanspruch Vorteile zu sammeln und den Helden aus der Gemeinschaft des Guten zu isolieren. Glückliche Zufälle decken die Machenschaften des Schurken auf, er verliert das Spiel und alles fügt sich zur glücklichen Versöhnung: die Aufstellung der Charaktere vor

---

Die Genealogie kann übrigens auch andere fiktive Erzählungen wie die Kunstgeschichte und die Geschlechterdifferenz, die ebenfalls bürgerliche Mythen sind, dekonstruieren.

140 Vgl. Roland Barthes: Mythen des Alltags, Frankfurt/ Main 2003, S. 128 Auch zu den übrigen Gedanken zum Mythos vergleiche hier, bes. S. 92, 97, 113, 115, 124, 128, 131, 145, 146.

dem Fall des Vorhangs markiert den Zustand gesellschaftlicher Vereinigung, in dem jedem, sein ihm gemäßer Platz zukommt.[141]

Wie man erkennen kann, liegt den Tableaus eine Art Weltordnung zu Grunde, die in dem verkleinerten Ausschnitt verkörpert wird. Die Figuren, die übrigens in offensichtlicher Typisierung durch Tautologie von Kostüm, Verhalten, sprechender Namen und ständiger Selbstcharakterisierung genormt sind und automatisch in mythische also moralische Kategorien fallen,[142] sind in ihrem Arrangement völlig sinnhaft. Dem Tableau wird eine Wahrheit und Universalität zugetraut, die bei Zuschauern des 18. und 19. Jahrhundert sehr großen Zuspruch erfährt. Woran liegt diese Sehnsucht nach dem verborgenen Sinn, der augenfällig gemacht wird? Wie wird dieser transportiert? Wie sich die Theaterästhetik des 18. Jahrhunderts vom feudalistischen Kunstverständnis zu einem bürgerlichen entwickeln wollte, so ist das 19. Jahrhundert von einer Erweiterung oder Fortführung dieses Gedankens geprägt. Das Melodrama als Mischung aus Tragödie, Komödie, Ballett, Musik und Spektakel zielt auf eine Totalabbildung nicht nur der Kunstszene, sondern der gesamten Gesellschaft ab. Die gattungsüberschreitende Schöpfung sollte die ‚Fülle menschlichen Lebens' oder ein ‚Gemälde des Jahrhunderts' zeigen und dazu alle Schichten der Gesellschaft ins Theater locken.[143] Das Melodrama ist von seinem Grundgedanken her ein demokratisches Theater. Diese Idee wird sich im Kino des 20. Jahrhunderts fortführen: Im Massenmedium des Films wird die Totalität moderner Lebenswelt abgebildet. Hier findet allerdings wieder eine Aufspaltung in Genres statt – aus kommerziellen Gründen; denn um möglichst viele Zuschauer ins Kino zu bekommen, muss man die Erwartungen erfüllen, sonst kommen sie kein zweites Mal. Im Zeit-

---

141 Schmidt 1986, S. 102.

142 Zu der Stereotypisierung der Protagonisten im viktorianischen Melodrama vgl. Schmidt 1986, S. 287-290 Auch die Spielweise der Schauspieler war stark lexikalisch und in ständiger Wiederholung keine Herausforderung an den Zuschauer. Der pathetische Stil, der sich auf allen Ebenen wiederholte, erinnert an das Melodrama des 18. Jahrhunderts. Die ständige Überdeterminierung verweist auf ein inneres Drama, das außerhalb des Sprachlichen liegt. Vorzugsweise stumme Figuren, deren körperlicher Ausdruck im Gegensatz zur verstellten Sprache die Wahrheit selbst verkörperte, waren beliebte Handlungsträger. Die Lesbarkeit des Körpers im Melodrama des 19. Jahrhunderts kann als eine Art detektivische Aufdeckung und Kombination von überdeutlichen Zeichen verstanden werden.

143 Vgl. Schmidt 1986, S. 85.

alter der Industrialisierung jedenfalls wurde diese gemischte Gattung angestrebt. Nicht nur die gattungstheoretischen Felder wurden vermischt: in der Konsequenz hieß das eine Mischung der Affekte, eine Abwechslung von Lachen und Weinen. Das Melodrama des 19. Jahrhunderts ist bekannt für den *bipolar clash* der Emotionen, der natürlich der Spaltung in *locus terribilis* und *locus amoenus* bei Ariadne entspricht; und ebenso wie dort werden die Einzelsituationen durch Musikalisierung und Stilisierung verlangsamt und in Flächen oder Feldern eingeebnet. Oberstes Ziel ist auch in dieser besonderen Ausformung des Melodramas die emotive Wirkung auf den Zuschauer, nicht im Sinne der Identifikation mit dem tragischen Helden, sondern im Wechsel des angstvollen Erstaunens mit dem benevolenten Lachen gelangt der Zuschauer zu folgender Einsicht: „Ja, so ist das Leben".

> Gerade der *bipolar clash* von vermeintlich unvereinbaren, letzlich aber durch den Exzess der Rührung und die Bedingungslosigkeit der moralischen message verbundenen Erlebnisformen bestimmt den melodramatischen Rhythmus. Die abrupten Brüche und scharf herausgearbeiteten Antinomien der ‚primitiven' Melodramen verletzen deshalb keineswegs die Balance, im Gegenteil: sie benötigen um so mehr den Kitt der Rührung, die – ganz im etymologischen Sinn – durch Bewegung mischt und mengt und Disparates in ihren Bann des vereinheitlichenden Eindrucks zwingt.[144]

Die Vielfalt der komplexen Lebenswelt wird im Melodrama in mythische, essentielle Typen verwandelt; das Unüberschaubare der Welt wird in Bilder gebannt, deren Klammer die emotionale Haltung und die moralische Vorstellung sind.

### 4.3.3 Zur Re-Sakralisierung der Welt über den bürgerlichen Mythos: Bild, Bedeutung, Weiblichkeit und Repräsentation

Welches sind die bürgerliche Mythen, derer das Melodrama sich bedient und sie gleichzeitig erneuert und bestätigt? Peter Brooks' Ausarbeitung zum Melodrama[145] bietet einen guten Ansatz, um den Ursprung bürgerlichen Mythen zu beleuchten. Seine Erklärung setzt bei der Renaissance und der bürgerlichen Vernunft – wie der erste Teil dieser Untersuchung – ein, vollzieht die Entwicklung des neuzeitlichen, demokratischen Menschen nach und bindet das Melodrama in diesen Kontext ein:

---

144 Schmidt 1986, S. 101.

145 Peter Brooks: The Melodramatic Imagination – Balzac, Henry James, Melodrama and the Mode of Excess, New Haven/ London 1976.

> The origins of melodrama can be accurately be located within the context of the French Revolution and its aftermath. (...): the moment that symbolically, and really, marks the final liquidation of the traditional Sacred and its representative institutions (Church and Monarch), the shattering of the myth of Christendom, the dissolution of an organic and hierarchically cohesive society, and the invalidation of the literary forms – tragedy, comedy of manners – that depended on such a society.[146]

Das Melodrama versucht Brooks Ansicht nach eine Art Re-Sakralisierung, in der die eigene Persönlichkeit der Maßstab aller Dinge ist und eine andere Transzendenz erzeugt wird, indem das Melodrama der Oberfläche der Welt, dem Sichtbaren, eine unsichtbare andere Wahrheit, also scheinbare Ontologien oder Mythen, unterlegt. Er nennt diesen Pool an moralischem Material ‚moral occult'. Diese Vorstellungen sind – um der stabilen und überschaubaren Weltsicht willen – in klare Binaritäten wie Gut und Böse gegliedert. Das Melodrama, das mit starker Typisierung und Determinierung der Figuren tatsächlich gut erkennbar macht, personifiziert Gut und Böse und macht dieses somit angreif- und bekämpfbar. Die Körper sind wieder/ immer noch das ‚Theater der Seele', so muss sich das Böse auf dem Körper – durch Gesten, Mimik, Sprechweise, Haltung – unfreiwillig abbilden und kann sich nicht verstecken; die Körper sind die ‚Sprache der Moral', das Jenseits der Sprache liegende Andere. Bemerkenswert ist, dass weibliche, stumme oder anders beeinträchtigte Figuren, oftmals Opfer irgendeiner kriminellen Handlung, bevorzugte Träger des Guten waren. Das Andere der Vernunft, das Weibliche ist Kernstück auch in dieser Art des Melodramas; sowie das Bild, dessen sich Melodrama fast inflationär bedient. Nicht nur gegensätzliche Gattungen in Kombination, widerstreitende Gefühle, Statik und Bewegung, Licht und Schatten sind die Gegensatzpaare, um die sich das Melodrama bewegt: Der wichtigste Dualismus ist der von Oberfläche und Tiefe, die sich ganz leicht überführen lassen in: Bild und Narration/ Mythos.
Brooks macht sehr eindringlich bewusst, auf welche Weise die Tiefe und Bedeutung der Welt – besonders des lesbaren Körpers – in der Kunst etabliert wird. Seine Beispiele stammen aus Romanen des 19. Jahrhunderts, z.B. von Balzac. Hier würde über Fragen und eine Menge von Anspielungen, die nichts zum Handlungsverlauf beitrügen, sondern einen Exzess derselben bilden, aus einem trivialen, fast

146 Brooks 1976, S. 15.

banalen, Ereignis ein inneres Drama geschaffen, das eine moralische Wertung impliziert. So liest der Balzac-Leser in das Gesicht eines alten Mannes die

> wretchedness of hospital wards, aimless wanderings of ruined men, inquests on countless suicides, life sentences at hard labor, exiles to penal colonies.[147]

So werden Kellerräume in der Anspielung zu Dantes Hölle, oder eine Goldmünze erhält das symbolische Gewicht einer Macht über Leben und Tod.

> The narrative voice, with its grandiose questions and hypotheses, leads us in a movement through and beyond the surface of things to what lies behind, to the spiritual reality which is the true scene of the highly colored drama to be played out in the novel.[148]

Diese narrative Stimme, die uns in Romanen der Zeit die Welt erklärten, wie in der Antike die Mythen oder im Christentum die Bibel und andere überlieferte Werke, haben wir verinnerlicht und projizieren sie als Muster auf Bilder, die wir sehen; wir symbolisieren kollektiv, um mit Belting zu sprechen, also nicht individuell, sondern kulturell geprägt – und das seit dem 18. Jahrhundert nach bürgerlichen Mythenvorstellungen. Aber weil das Melodrama derart metaphorisch ist und in einem semiotischen System immer eine Lücke bleibt – keine Repräsentation ist lückenfrei – versucht es diese Kluft mit Hilfe der Übertreibung, Augenfälligkeit, Stereotypisierung (hier finden Zeichen und Bezeichnetes die größte Übereinstimmung), also durch die Überdeterminierung und den Exzess der Erzählung zu schließen und zu einer Eindeutigkeit zu gelangen, die stabilisierend, immer gültig ist, und die eine andere Art der Transzendenz verspricht.

> As Walter Benjamin argued, it is the ‚flame' of fictional representations that we warm our 'shivering lives', and this is nowhere more true than in the most enduringly popular fictions, which suggest over and over again that we do not live in a world completely drained of transcendence and significance, that the principles of a superdrama are to be found near to hand.[149]

Besonders die Frau ist in der westlichen Kultur prädestiniert als stabilisierende Repräsentation, da sie durch die psychoanalytische Regelung des Begehrens, die oben kurz angerissen wurde, keine Sub-

147 Zitiert in: Brooks 1976, S. 2.

148 Brooks 1976, S. 2.

149 Brooks 1976, S. 205.

jektivität hat, und so als Leerstelle der Repräsentation Projektionsfläche für das externalisierte ‚Andere' bietet. Elisabeth Bronfen macht in ihrem Aufsatz über Weiblichkeit und Repräsentation auf diesen Zusammenhang von Mythos und Frau aufmerksam.[150] An Hand der Ansätze von Teresa de Lauretis (die *Frau* und *Frauen* als empirisch präsente, ‚reale' Wesen voneinander unterscheidet) macht sie sichtbar, dass Frau in der westlichen Kultur das Nicht-Repräsentierbare darstellt, die Grenzen und Ränder derselben. Deshalb kann sie in ihrer Stereotypisierung als „Stellvertreterin von Debatten" (z.B. als Trägerin von affirmativen Erzählungen und Stabilisierung von Normen) oder Werten (wie Schönheit, Gerechtigkeit, Kreativität, etc.), also als „Chiffre" oder „semiotische Ware" (Lévi-Strauss) fungieren. Sie ist ein Bild. Exemplifiziert wird dieses Phänomen von Bronfen an einem Auszug aus Joan Didions *Sentimental Journeys*, die aus realen und aktuellen Ereignissen aus den Medien narrative Muster herausgearbeitet hat. So wurde z.B. am 20. April 1989 im New Yorker Central Park eine weiße junge Joggerin von sechs hispanischen und schwarzen Jugendlichen misshandelt, vergewaltigt und ins Koma gebracht. Sprachlos (!) und real abwesend – während die Täter sich der Polizei stellten und sich per Video entschuldigten – wurde das Opfer zu einer Ikone und einem Bild für die Stadt New York selbst, bekam hunderte Briefe der Anteilnahme und war in den Medien mehr als präsent: Die junge gebildete, attraktive Anwältin, die wirtschaftlichen Aufschwung und die führende Mittelklasse verkörperte, war von der Unterschicht bedroht worden. Dies sprach Existenzängste der New Yorker Bevölkerung (die Angst vor dem Fremden und Unheimlichen implizit) der 80er Jahre an. Die an ihr verübte Ungerechtigkeit wurde in eine sentimentale Erzählung von Gut und Böse und zu einer Botschaft rassistischer Ausgrenzung verklärt.[151] Das Opfer wurde zum Sinnbild und Text oder sinngemäß: in der medialen Erzählung zum *sozialen Gestus* oder auch zum virtuellen Tableau.

> (...) während die Diskurse der westlichen Kultur das Selbst als männlich konstruieren, schreiben sie der Weiblichkeit eine Position der Andersheit zu (de Beauvoir, Clément, Irigaray). Die Frau repräsentiert die Grenzen, Ränder oder Extreme der Norm – das Gute, Reine und Hilflose oder das extrem Gefährliche, Chaotische und Verführerische. Die Heili-

---

150 Vgl. Fußnote 9; Bronfen: Weiblichkeit und Repräsentation 1995, bes. S. 409, 410, 412 und 415.

151 Vgl. Bronfen: Weiblichkeit und Repräsentation 1995, S. 413-420.

> ge oder die Hure, Jungfrau Maria oder Eva. (...) Die Konstruktion der Frau als das ‚Andere' dient rhetorisch dazu, eine gesellschaftliche Ordnung zu dynamisieren, während ihre Opferung oder Heirat das Ende dieser Phase der Veränderung bezeichnet. Über ihren medialen Tausch werden kulturelle Normen bestätigt oder gesichert, sei es, weil das Opfer der tugendhaften unschuldigen Frau zur Gesellschaftskritik und Läuterung dient (die Joggerin als Frau, die sich mutig das Recht nimmt, auf ihrer Bewegungsfreiheit in New York zu bestehen), oder sei es, weil eine Opferung der gefährlichen Frau (die Joggerin als Weiße, die schamlos ihre Privilegien gegen die schwarze Unterschicht New Yorks ausspielt) eine Gegenordnung ins diskursive Spiel bringt.[152]

Analog zur Debatte um die Schamlosigkeit der Schauspielerin bei Rousseau oder die Erfindung der Unschuld bei Diderot: Die Frau verkörpert die Extreme, die die Stabilität gefährden; Opferung oder Stilisierung, oder die Kombination beider, sind die geläufigen Techniken der westlichen Kultur, um die bürgerlichen Moralvorstellungen kurz aufzuwühlen, um sie wieder präsent zu machen, sie aber dann in eine konservative, stabile Welt zurück zu überführen. Dieses ‚Andere' ist das Substrat des Melodramas: der extreme Ausbruch, den nur eine Frau verkörpern kann, wird zurück überführt in die Unschuld. Die Externalisierung und Opferung des ‚Anderen' bewahren die sorgfältig aufgerichteten Grenzen zum Unkontrollierbaren und bestätigen so das Selbst.[153]

---

152 Bronfen: Weiblichkeit und Repräsentation 1995, S. 418/ 419.

153 Bronfen zitiert Sander Gilman, um auf den Vorgang der Stereotypisierung aus psychoanalytischer Sicht einzugehen: „(...) Stereotypien [sind] grobe Repräsentationen der Differenz, die die Welt strukturieren und Ängste auf den Körper eines oder einer Anderen verlagern, d.h. am Ort der Andersheit lokalisieren, als Beweis dafür, dass das, was man fürchtet oder verherrlicht, nicht in einem selbst liegt. Die Produktion von Stereotypien geht einher mit der Individuation und ermöglicht dem sich entwickelndem Selbst, sich von der Welt zu unterscheiden und das Gute vom Bösen in sich zu trennen, wie auch eine Aufteilung der Außenwelt in Liebes- und Hassobjekte. Diese Objekte fungieren als Spiegelungen oder Entstellungen des Selbst. Die Stereotypie (...) bezeichnet dasjenige, was sich der Ordnung des Selbst entzieht, weil es entweder mangelnd oder im Übermaß vorhanden ist. Sie dient dazu, das Ambivalente zu kontrollieren und Grenzen zu ziehen." Damit steht die Stereotypie - meines Erachtens – im Zusammenhang mit dem neuzeitlichen Herrschersubjekt. Vgl. Bronfen: Weiblichkeit und Repräsentation 1995, S. 419.

## 4.4 Die filmische *mise en scéne* und die narrative Einbindung: Oberfläche und (Pseudo-)Tiefe der *Untitled Film Stills*

Betrachtet man die Frauenfiguren der *Untitled Film Stills*, wie der *Rear Screen Projections, Centerfolds* und *Pink Robes*, setzt die Narration ein: Man glaubt es seien Filmhandlungen, an die man sich erinnere. Da es meines Erachtens es ein zu konkreter Prozess wäre, die Schablone eines anderen Films auf die Bilder zu legen, schlage ich folgende Lösung vor. Es sind sentimentale Erzählungen, die auch, aber eben nicht nur Filme, bevölkern, die sich um die Figur aufbauen. Die Mythen, die einen sukzessiven Fortgang oder retrospektive Motivation zum Bild zuordnen, sowie ein Gegenüber etablieren, das vornehmlich männlich ist, sind kollektive bürgerliche Moralvorstellungen, die sich aus einem tiefen Glauben an stabile Werte wie Gerechtigkeit, Wahrheit und Schönheit entwickeln. Dieses melodramatische binäre Wertesystem (zu den Normen bauen sich automatisch Gegennormen wie Ungerechtigkeit und Lüge auf) ist das kollektive Archiv, um das sich die *Stills* drehen. Entsprechend dem melodramatischen Roman des 19. Jahrhunderts erzeugt der Betrachter eine Art unterschwellige wahre Bedeutung über das eigene, stumme Befragen zu und gleichzeitige Erklären der gezeigten Situation. Die gesamte Handlung scheint im Bild zu einem *sozialen Gestus* oder einem Tableau komprimiert. Das eigene Bildgedächtnis ist also eine Sammlung von Vorstellungsbildern, die zusammen einen abstrakten Mythos, ein Wertesystem bebildern. Gesehene Bilder werden zum Archiv in Beziehung gesetzt, verglichen, und so wird der Mythos abgerufen. Mit der Zuordnung geht eine persönlich-emotionale Haltung einher, die von Erziehung und Umgebung, also der persönlichen Erfahrung geprägt sind – und so natürlich auch implizit vom kulturellen Kontext. Im klassischen Melodrama wurde diese übrigens sehr stark von der Musik gelenkt – hier im Falle der Bilder Cindy Shermans ist das weniger leicht zu definieren und soll an Beispielen erläutert werden, nachdem das *mise en scéne* des melodramatischen Films beleuchtet wurde. Zuvor jedoch noch eine kurze Ergänzung zur Lesbarkeit des Körpers in der westlichen Kultur.

### 4.4.1 Körper und Identität: der Körper als ‚inscriptive surface'

Im zweiten Teil der Untersuchung wurde ja bereits die Lesbarkeit des Körpers und seine Diskursivierung behandelt, die das Fundament der Schauspielerei im 18. und 19. Jahrhundert bildeten. Das Körperverständnis der westlichen Kultur soll nun noch einmal an einem Gegenbeispiel beleuchtet werden: In ihrer Untersuchung des Körperbildes zieht Elisabeth Grosz Alphonso Lingis' heran, dessen Argumentation zwar manchmal etwas fragwürdig, aber Ansätze durchaus geeignet seien, noch einmal zu klären, in welchem Verhältnis die westliche Kultur zum ‚biologischen Äußeren' steht. Lingis hat sich in seinem Buch *Excesses: Eros and Culture* mit dem Körperbild in anderen Kulturen beschäftigt.[154] Er unterscheidet *Savage* und *Civilized* Völker und beschreibt unser ängstliches Missverhältnis zur Ganzkörpertätowierung, die unserer Kultur so fremd und mit Schmerzen verbunden ist: Die westliche Kultur finde es unverständlich, wie man seinen Körper mit bleibenden, oberflächlichen und noch dazu erotischen Zeichen versehen könne, was aber für die ‚Wilden' eine soziale und kulturelle Notwendigkeit und Normalität ist:

> Welts, Scars, cuts, tattoos, perforations, incisions, inlays function quite literally to increase the surface space of the body, creating out of what may have been formless flesh a series of zones, locations, ridges, hollows, contours: places of special significance and libidinal intensity. (...) Cicatrizations and scarifications mark the body as a public, collective, social category, in modes of inclusion or membership; they form maps of social needs, requirements and excesses.[155]

Diese Lesbarkeit des Körpers, der wie eine Landkarte mit Hinweisen aufgebaut ist, setzt – meines Erachtens – keine Trennung von Körper und Geist voraus; weil es keine Begriffe und keinen Diskurs darüber etabliert wie die westlichen Kultur, kennt dieses Körperverständnis auch keine Latenz der Bedeutung, für die unsere Kultur der fiktiven Ontologien und Repräsentationen bekannt ist. Unser Verständnis des Körpers ist ein mimetisches obwohl es genauso (post)semiotisch und voller Markierungen ist wie das des ‚Wilden', der sich über die Gruppe definiert und persönliche Besonderheiten auf dem Körper markiert, die dann von Mitmenschen gelesen und interpretiert werden – das unterscheidet ihn nicht vom Europäer oder Amerikaner.

> ‚Civilized' inscriptions imply and are read in terms of psychical depths. In this case, bodily markings can be read as symptoms, signs, clues to a unraveling a psychical set of meanings. (...) [western inscription means] a creation of bodies as sign systems, text, narratives, rendered meaningful and integrated into forms capable of being read in terms of a

154 Vgl. Grosz 1994, S. 138ff.

155 Grosz 1994, S. 139/ 140.

> personality, psychology or submerged subjectivity. Ours, we believe, is not a superficial identity but an enigma, a mystery to be uncovered, a secret to be explored through a reduction of the body to a symptom of the self.[156]

Obwohl wir nicht tätowiert sind, sind unsere Körper gesellschaftlich markiert und die Oberfläche beschriftet; der gesellschaftliche Status äußert sich, ebenso wie die eigene Stilisierung zum Individuum, über den Körper. Nicht nur die institutionelle Gewalt in Gefängnissen, Schulen, Krankenhäusern usw., auch die unbewusste freiwillige Anpassung an Werte und Normen formen unsere Körper nach Idealen, die die Medien vermitteln (besonders eine Fiktion wie der melodramatische Film). Foucault beschreibt das Phänomen in seinen Gedanken zu *Macht und Sexualität*[157] folgendermaßen: Über repressive, juridische Gesetze, zunächst durch die Kirche, dann über die Psychoanalyse, wurden Diskurse geschaffen, die ein verbindliches Normalitätsgebot, d.h. zum Beispiel das Inzestverbot, etablierten. Mit dem 18. Jahrhundert finden die Kontrollen des Körpers eine Verschärfung, da die Gesundheit als überlebenswichtige Eigenverantwortlichkeit entdeckt wurde. Fragen der Sexualität rückten in den Vordergrund; besonders mit der Entwicklung der Genetik im 19. Jahrhundert wird der soziale Umgang zur Biopolitik, die Sorge um den Körper und die Gesundheit, Fitness, Triebsteuerung, eheliche Sexualität dienten dem Schutz der Person (Körperschutz heißt Seelenschutz, heißt Schutz des Subjekts) und wurden zentrales Anliegen, um die Gesundheit und Lebensdauer zu maximieren, da nach dem Tod laut Wissenschaft kein Leben (im Paradies) mehr zu erwarten war. Somit wurde Sexualität zum Durchlaufpunkt der Macht, was an anderer Stelle – nämlich in bei der Betrachtung der *Sex Pictures* – noch interessieren wird. Wie genau versteht Foucault Macht? Grob gesagt bedeutet Macht die Gesamtheit und komplexe Verflechtung der Kräfteverhältnisse, die unintentional über Wiederholung Normen und Werte verbreitet und bestätigt, die auf allen Ebenen zu finden ist, und sowohl in der Familie als auch in staatlichen Institutionen wirkt. Macht und Mythos scheinen also Hand in Hand zu gehen. Mit der Umbewertung und Kontrollnotwendigkeit des Körpers wird also erst die Tiefe (Seele) geschaffen, die ‚eigentlich' gefährdet ist. Nach dieser Todesangst entstehen Ideale, die

156 Grosz 1994, S. 139/ 141.

157 Zu den folgenden Gedanken vgl. Michel Foucault: Sexualität und Wahrheit – Der Wille zum Wissen, Bd. 1, Frankfurt/ Main 1992, bes. S. 113, 114, 120, 122, 141-150, 166-187.

dann über Institutionen wirken und die den Körper formen. Während selbst Foucault den Körper als biologisch und gegeben versteht, als Masse, die dann inskribiert wird, verweist Grosz auf dieses fiktive Moment in den sonst sehr analytisch konkreten Gedanken Foucaults. Ihrer Ansicht nach ist der Körper immer schon kulturell, schon im Mutterleib wird er nach historischen/ sozio-kulturellen Bedingungen gebildet, ist Produkt der Kultur:

> Through exercise and habitual patterns of movements, through negotiating its environment whether this be rural or urban, and through clothing and makeup, the body is more or less marked, constituted as an appropriate, or as the case may be, an inappropriate body, for its cultural requirements. It is crucial to note that these different procedures of corporeal inscription do not simply adorn or add to a body that is basically given through biology; they help constitute the very biological organization of the subject – the subject's height, weight, coloring, even eye color, are constituted as such by a constitutive interweaving of genetic and environmental factors.[158]

Überblickend lässt sich sagen: Das pseudomimetische oder pseudosemiotische (und hierarchische) Verhältnis von Körper und Geist, das dem natürlichen Schauspielstil des bürgerlichen Trauerspiels und noch dem pathetischen des klassischen Melodramas zu Grunde liegt, wiederholt sich in den Tableaus des 19. Jahrhunderts und zunächst auch in den Fotografien von Cindy Sherman: Die Idee der latenten Bedeutung, die über die Oberfläche transportiert wird und ein stabiles Selbst- und Weltbild etabliert, ist die fiktive, aber naturalisierte Idee der westlichen Kultur. Als Kultur der Repräsentation schafft sie Ontologien über Erzählungen; wir lesen in eine Inszeniertheit eine Natürlichkeit hinein, die sich über die Emotion oder

---

158 An dieser Stelle sei noch einmal kurz an die Reihe der *Pink Robes* von Sherman erinnert, die oft als die ‚echte Cindy' gelesen wurden, weil die kulturellen Markierungen scheinbar sehr weit bis ganz zurückgedrängt waren, vermutete man die pure Übereinstimmung von Körper und Identität – eine Wunschvorstellung: der akulturelle Körper und die ahistorische Identität sind fiktive Konstruktionen, denn auch Nacktheit ist höchst markiert: „The naked European/ American/ African/ Asian/ Australian body (and clearly even within these these categories there is enormous cultural variation) is still marked by its disciplinary history, by its habitual patterns of movement, by the corporeal commitments it has undertaken in day-to-day life. It is in no sense a natural body, for it is as culturally, racially, sexually, possibly even as class distinctive, as it would be if it were clothed." Grozs 1994, S. 142.

moralische Grundhaltung bestätigt – dabei ist die kulturelle Bedingtheit aus dieser Vorstellung ausgeblendet. Die Psychoanalyse wiederholt übrigens das Phänomen der Latenz der Bedeutung, nämlich das System der Repräsentation: im Verhältnis von somatischen Trieb zu psychischem Effekt.

Die Protagonistinnen der *Untitled Film Stills* sind zweifelsohne als europäische oder amerikanische Frauen identifizierbar. Sie sind markiert als Teilhaberinnen an einer bürgerlich-demokratischen, liberalen Marktwirtschaft. Die Tiefe einer Individualität, einer Seele, die zaghaft über den Gesichts- und Körperausdruck an die Oberfläche dringt, ist zur Genüge angemerkt worden. An dieser Stelle ein kurzer Seitenblick auf ein *Untitled* (#168, Abb. 20) aus der Fotoreihe der *Disasters*: Diese mit Gegenständen arrangierte Studioaufnahme zeigt im Zentrum ein graues, zweiteiliges Damenkostüm mit weißer Bluse und Perlenkette. Es ist auf eine Weise auf den Teppichboden gelegt worden, die suggeriert, dass noch vor kurzem die dazugehörende Frau, also der dazugehörende Körper, da gewesen sei. Sand oder Asche bilden die Konturen eines Gesichts und der Extremitäten nach, die nach außen hin immer schwächer werden. Ein schwarzer Stiefel mit hohem Absatz liegt in größerem Abstand zu den Kleidern wie zufällig da. Ein zerstörter Computer, Kabelsalat, zerknäulte Blätter und ein merkwürdiges Detail befinden sich außerdem im Bild: ein aus Maschendraht gebauter kleiner Käfig, der instabil wirkt und in dem eine Rattenattrappe sitzt – ein totes Tier, das nicht wirklich den biologischen Kreislauf fortführt; es handelt es sich bei dem Szenario assoziativ um einen Moment nach einer atomaren Katastrophe o.ä. Das einzig Lebendige im Bild ist ein immer noch leuchtender Monitor. Der Körper ist der unsterblichen Virtualität gewichen. Doch was an dieser Stelle interessanter ist: Die Markierungen, nämlich Kleidung, Schmuck, eine kleine Dose mit einer Palette Lidschatten, die scheinbar aus der Innentasche des Kostüms gefallen ist, der Ehering, der in den ‚Resten' der Hand, nämlich dem Sand steckt, funktionieren nach wie vor. Wir können auch ohne Körper Status und persönliche Lebensverhältnisse ablesen – obwohl kein Körper da ist. Die (Re-)Produktion von Tiefe, die Narration und Interpretation über die Person findet im Wahrnehmungsprozess statt. Nur bricht Sherman natürlich den Prozess durch die ironische Plakativität: Es ist de facto keine Tiefe, nicht mal der Träger von Tiefe (Körper) vorhanden und trotzdem erzählen wir uns die ‚Seele' und die Bedingungen ihres Lebens. Mit diesem Bild macht Sherman auf die semiotische Arbeit aufmerksam, die wir an Körpern leisten, die wir aber fälschlicherweise als mimetische verstehen. Doch zu dieser Sichtbarmachung von Strukturen, zu der Subversion also, in Kapitel 5 mehr. Nach diesem Seitenblick kann man die *Film Stills* noch einmal aus einer anderen Perspektive lesen. Über die Accessoires der verschwundenen Figur fallen die Markierungen der *Film Stills*-Frauenkörper noch einmal verstärkt ins Auge. Make-Up, Schmuck und körperbetonte Kleidung geben nicht nur Auskunft über den sozialen Stand der Protagonistinnen, sie geben auch Auskunft über die kulturell bedingte Ordnung der Geschlechter, womit man wieder bei der Phallizität angekommen ist. Jean Baudrillard – wie oben bereits mit seinem Beispiel des Striptease – hat zu den phallischen Markierungen der Frau noch weitere Anmerkungen, die ich noch einmal aufgreifen möchte. Er beschreibt den Körper in der westlichen Kultur als den „Schauplatz des Spiels um die Kastration", den Kleider und auch Schminke strukturieren und als phallisch markieren, z.B. das „Strumpfband" als eine Linie, die den Oberschenkel strukturiert.[159] Durch eine trennende Linie, auch durch ein Armband etc., wird ein Körperteil betont und somit zum Fetisch und zum Phallus. Ähnlich der melodramatischen Welle oder der Opferung der Frau, wie sie uns im Melodrama und im Bürgerlichen Trauerspiel begegnen, findet auf der Alltagsebene ein sich ständig wiederholender unbewusster Vorgang der ästhetischen Überhöhung, Fetischisierung oder Objektivierung durch strukturierende Kleidung statt; und zwar durch die Frau selbst, die sich ihrer eigenen Attraktivität im Spiegel versichert und sich mit ihrer Kleidung begehrenswert machen will[160]. Indem der Phallus hervorgehoben wird, wird die Kastrationsangst zurückgedrängt und das Selbst mit Hilfe des Anderen stabilisiert. Die Schminke emblematisiert das Gesicht ebenso wie das Leiden den Körper objektiviert. Besonders der Mund hat eine phallische Funktion:

> Ein geschminkter Mund spricht nicht mehr: die still und unbeweglich gewordenen Lippen, halb geöffnet, halb geschlossen, haben nicht mehr die Funktion zu sprechen, zu. essen, zu spucken oder zu küssen. Jenseits der stets ambivalenten Funktion des Austauschs, des Aufnehmens und Ausstoßens, (...) der als Schmuckstück verobjektivierte Mund, dessen starker erotischer Reiz durchaus nicht, wie man meint, auf seiner Betonung als erogener Öffnung beruht, sondern im Gegenteil auf seiner Geschlossenheit – wobei die Schminke ihn (...) als phallischen Tauschwert etabliert – ein erektiler

159 Baudrillard 1991, S. 155-159.

160 Vgl. Fußnote 120.

Mund, ein sexuelles Anschwillen, in dem die Frau erigiert und in dem der Mann von seinem eigenen Bild fasziniert ist.[161]

In den *Film Stills* werden die Heldinnen durch eine Menge an Linien strukturiert, besonders das *Still* #15 (Abb. 27) zeigt phallische Körperfragmente: Eine durch ihre Kleidung als Tänzerin identifizierbare junge Frau sitzt auf der Fensterbank – dem mythischen Repertoire zu Folge möchte man meinen: in einem Tanzsaal – eines hohen Backsteingebäudes mit großen Fenstern und Parkettboden; ein hölzerner Stuhl ist angeschnitten noch zu erkennen; er ist von ihr ab- und der möglichen Tanzstundenszene zugewandt. Die eigentliche Szene des Bildes aber findet im Kopf der Figur statt – oder im Kopf des Betrachters, um genau zu sein. Die junge Frau wirkt verträumt, blickt aus dem Fenster und – um es so kitschig wie möglich zu sagen (das Melodrama ist durch und durch kitschig[162]) – imaginiert ihre Zukunft am Broadway. Gleichzeitig könnte sie ihren vorgestellten Traummann erwarten – sprich den Ritter auf dem weißen Pferd. Das von der Kameraperspektive abgewandte Gesicht ist durch übermäßiges Wangenrouge verobjektiviert, die Haare durch eine Haarspange, die schwarzen Schuhe sind durch weiße Socken kontrastiert, die wiederum die Unterschenkel teilen; durch die Mitte des Körper schneidet ein Gürtel; das tiefe, bogige Dekolltée wird noch durch eine goldene Kette mit Kreuz geteilt. Doch besonders auffällig sind die phallischen Beine: Durch die kurze Tanzhose und die Sitzposition wirken sie wie montiert, als würden sie nicht zum Körper gehören, sie sind vollkommene Fetische. Ein anderes Beispiel, das Baudrillards Gedanken zu illustrieren vermag: Das in Kapitel 1 zur Einführung beschriebene *Film Still #27* mit der weinenden Verlassenen zeigt nicht nur die einzig phallisch akzeptable Körperflüssigkeit[163], nämlich Tränen, die zudem noch die Wangen mit dunklen Streifen markieren, es zeigt auch den doppelt phallischen Mund: Durch den starken Lippenstift und die darunter weiß blitzenden Zähne ist er bereits emblematisiert. Durch den Stillstand der Fotografie, zu der noch einige Vermerke zu machen sein werden, ist er noch einmal verobjektiviert. Die Fotografie als geschlossenes Medium (ohne Gegenblick, man denke an die oben beschriebene *absorpti-*

---

161 Baudrillard 1991, S. 160.

162 Über die sich lange konstant gehaltene Abwertung des Melodramas zum Kitsch an anderer Stelle mehr.

163 Zur subversiven Kraft des Körpers und der Körperflüssigkeiten gegenüber den bestehenden fiktiven binären Ontologien der westlichen Kultur später mehr.

*on)* zeigt sich aus dieser Perspektive gar selbst als phallisches Medium.

### 4.4.2 Die amerikanische Film in der Mitte des 20. Jahrhunderts: der Hollywoodfilm als affirmatives Massenmedium

Das Medium, dem die *Film Stills* scheinbar entnommen sind, und der Grund, weswegen der Betrachter so schnell vergleichbare Mythen parat hat; ist der populäre Film. Mit steigender Anzahl an Filmen – man denke an das Paradebeispiel der Filmstudios in Hollywood, die in ihrer Reichweite kaum zu übertreffen sind – verbreitete sich ein Pool an kollektiven Bildern und Mythen; und das natürlich nicht nur in den Vereinigten Staaten von Amerika, sondern über einen großangelegten Export in die gesamte westliche Kultur. Mit der industriellen Fertigung eines Massenmediums wird eine Präsenz und Sichtbarkeit von Idealen, Werten und Normen etabliert, für die es bis dato keinen annährenden Vergleich gibt. Soeben wurde an den Tableaubeispielen herausgestellt, welche ideologische Kraft Bilder haben, denn in ihrer sprachlosen Präsenz machen sie Platz für das assoziative und affektive Spiel der Mythen: Die große Gefahr des Bildes ist sein scheinbar natürliches Auftreten; das Foto (auch das arrangierte!) sagt: es-ist-so-gewesen, während das Tableau behauptet: es-ist-so. Daraus ergibt sich für den unkritischen Betrachter des illusionistischen Bildes die Folgerung, dass das Arrangement den Sinn zeige, der stets unter der Oberfläche anwesend sei, aber nur selten ans Tageslicht käme. Um mit André Breton zu sprechen: Dem Tableau haftet „ein Hauch von Ewigkeit an", wie der Tautologie und letzten Endes dem Melodrama. Somit sind auf Sinn und Natürlichkeit ausgerichtete Bilder stark ideologisch, da sie ihre Künstlichkeit leugnen und die Aussage naturalisieren.

Wie im 19. Jahrhundert mit dem Einzug der Wissenschaften (Biologie, Psychoanalyse, usw.) und der Zurückdrängung oder Hinterfragung des christlichen Glaubens neue (persönliche) Werte und Richtlinien zur Orientierung in einer (urbanen) Welt geschaffen werden mussten, die wenn möglich deutlich erkennbar sein sollten, z.B. behauptete das Melodrama des 19.Jahrhunderts vehement, man könne einem Schurken seine Bosheit an Körper und Bewegung ablesen, so scheint das Amerika des 20. Jahrhunderts – besonders während der Nachkriegszeit – u.a. auf Grund des Kalten Krieges ebenso instabil und im Prozess der Erneuerung begriffen. Die weitläufigen historischen Umstände der McCarthy Ära sind für die Analyse des Film-Melodramas von großer Bedeutung, können aber hier nur kurz charakterisiert werden; nämlich als eine zunächst sozial und wirtschaftlich stabil scheinende Phase der amerikanischen Geschichte:

> Commentators defined domesticity, respectability, security, TV, advertising, affluence, suburbia, and superhighways as the order of the day. (...) But recent social historians point to an undertow of sexism, poverty, racism, economic imperialism, and fear: The bomb, communists, spies, and Sputnik all scared Americans. (...) The concept of conformity at the centre of the 1950s mindset seemed, on the one hand, to describe the positive, organic, homogeneity of the collective realisation of a dream of affluence and security. But it gaped open to reveal the pressures subtending the unproblematic surface. Positive valuation of conformity necessitated the exclusion of groups (...). Blacks and poor people in general were invisible to the celebrants of suburban consumer culture.[164]

Wie in der Gesellschaft Europas des 18. Jahrhundert das Andere, die Unvernunft und Triebhaftigkeit zu Gunsten des sozialen und wirtschaftlichen Zusammenlebens ausgegrenzt werden, so werden hier die destabilisierenden Minderheiten von der sichtbaren Oberfläche verbannt – und das zur Versicherung des Subjekts und der Gruppe.

### 4.4.3 Ausschnitt und Enge: das Family Melodrama als *mise en scéne* der Psyche

Es ist nicht verwunderlich, dass die Gesellschaft der Fünfziger Jahre die private Sphäre, in der man durch Liebe und Verantwortung verbunden (vergleiche den oben erläuterten Diskurs der Empfindsamkeit des 18. Jahrhunderts) und gegenüber der Arbeitswelt abgeschlossen sein kann, als stabilen Kern der Gesellschaft versteht. Die Anzahl von Heiraten stieg an und das Durchschnittsalter der Eheleute sank. Nach wie vor – oder stärker als bisher – war die Frau das Symbol für die private Sphäre schlechthin; sie sorgte für Familie und so die Gesundheit der amerikanischen Bevölkerung. Obwohl offiziell aus der politischen Sphäre und dem Arbeitsleben nahezu ausgegrenzt, war die Frau doch integraler Bestandteil der Ideologie. Das lässt sich an Hand der Filmkultur, besonders am Melodrama, zeigen. Dieses hatte einen enorm affirmativen, ideologischen Charakter: Über seine Visualität und den mythischen Charakter verbreitete es Ideale des amerikanischen Traums.

> (...) it is essential to remember that the 50s melodramas ex-

---

164 Janet Walker: Hollywood, Freud and the Representation of Women – Regulation and Contradiction, 1945 – 1960s, in: Home is where the heart is – Studies in Melodrama and the Woman's Film, London 1987, S. 198.

> isted within the historical context of McCarthyism, the Korean War and the Cold War, when Hollywood (...) demonised the Communist threat, particularly through its science fiction genre. In this sense, the absence of politics from the melodrama should be understood as an inscribes absence, an erasure of the public enabled by the retreat into the domesticity of the newly formed suburbs with their differently constructed priorities.[165]

Mit dieser Betonung der privaten Sphäre gehört das Film Melodrama[166] thematisch in den weiblich konnotierten Bereich der westlichen Kultur. Und damit stößt es automatisch den Bereich der Psychoanalyse an. Es ist bekannt, dass die amerikanische Kultur zu dieser Zeit Freud für den Film entdeckte, man denke nur an Hitchcocks frigide Frauenfiguren o.ä. Die Frau, die entweder als ‚Angel at home' eine phallische Qualität hat oder auch als *femme fatale* kastrationasangstauslösend gestaltet ist (besonders im *film noir* der 60er Jahre) ist in den meisten Fällen Zentrum der Handlung, was man leicht mit Ariadnes situativem Stoff des frühen deutschen Melodramas vergleichen könnte. Zusammenfassend lässt sich über psychoanalytische Implikationen und das Sozialgefüge sagen: Das Film-Melodrama verhandelt implizit das Gesetz des Vaters, den Prozess der Individuierung Jugendlicher oder der Frau, die sich über eine Vaterfigur/ einen Mann zu definieren suchen. Der Glaube an die (natürliche, nicht konstruierte) Einheit des Subjekts ist im Melodrama evident anwesend.

Nicht selten handelt es von Sehnsucht, unausgesprochene Liebe oder ein Eifersucht; Themen, die nicht über die Sprache verhandelt werden können, sondern über sprechende Bilder und den Einsatz von Musik suggeriert werden.[167] Der Schauplatz des Melodramas ist

---

165 Laura Mulvey: 'It will be a magnificant obsession' – The Melodrama's Role in the Development of Contemporary Film Theory, in: Melodrama – Stage, Picture, Screen, London 1994, S. 128.

166 In meiner Betrachtung des Melodramas werde ich keine Filmbeschreibungen oder -analysen vornehmen und auch keine Inhaltsangaben machen. An der einen oder anderen Stelle sollen Beispiel herangezogen werden. Natürlich variieren die Stoffe des filmischen Melodramas und auch die Charakterzeichnungen sind mal mehr mal weniger fein; aber um auf das Typische des Melodramas verweisen zu können, werde ich stark vergröbern, um zu dem vielleicht ‚Typischen' zu gelangen.

167 Man denke an den Stummfilm, der zutiefst melodramatisch ist: die Intensivierung des Gefühls auf Seiten der Rezeption durch das begleitende Klavier, und die Absicht, Bedeutung über die Musik zu transportieren sind typisch.

das Patriarchat, das sich in bekannter Weise über die Sprache etabliert – gleichzeitig ist es stark visuell und damit außerhalb der Sprache. Wie das klassische Melodrama, das zwischen Vernunft und Unvernunft hin- und herschwankt, bis dann die Stilisierung und somit das subversive Moment wieder in einen perfekten Illusionismus bindet, ist das Film Melodrama der 50er Jahre noch streng konform mit den Diskursen. Nur einige, stark reflexive Ausnahmen, die die eigene Fixierung in einer solchen kapitalistischen und phallischen Ordnung sichtbar machen, die unterschwellige Struktur entblößen, z.B. bei Douglas Sirk, können als subversiv betrachtet werden. Doch betrachten wir zunächst weitere ästhetische und ideologische Merkmale des affirmativen Melodramas.[168]

Auch im Film sind die Gegensatzpaare von Stillstand und Bewegung, Bild und Narration, Situation und Handlung die Axialbegriffe des Melodramas; und mit der Kamera und der besonderen Medialität des Films treten interessante Faktoren hinzu: Die Kamera, die Laura Mulvey ja als phallisch gekennzeichnet hat und die Frau in stärkerer Weise zum Objekt des Blicks macht[169], als filterndes Zwischenmoment zum Zuschauer muss in die Gedanken zum Melodrama miteinbezogen werden. Sowie die Technik des Schnitts, die einen addierenden Zuschauer nötig macht, was auf den thematischen Komplex des Herrscherblicks des Subjekts verweist, der zu einem späteren Zeitpunkt noch einmal thematisiert werden soll; und am wichtigsten: Der selektive und montierende Wesenszug verstärkt die Ausschnitthaftigkeit der Momente. Das Tableau, das ich hier besser als *mise en scéne* bezeichne, ist ein bewegtes (Ab-)Bild der Welt und entspricht darüber hinaus in der Bewegung noch eher unserer Wahrnehmung. Das ‚Wahre' der Fotografie ist erhalten und in einen fiktiven Kontext eingebunden, der den Sinn über eine große Anzahl montierter signifikanter Momente transportiert. Mit dem Film ist die zweihundert Jahre alte Debatte um das Zusammenspiel von Bild/ Musik und Drama/ Handlung scheinbar endlich abgeschlossen. Die um die maximale Rührung bemühte Gattung Melo-

---

168 Allerdings tragen alle Melodramen dank ihrer starken Überdeterminierung ein gewisses subversives Potential in sich, da sie den ‚Blinden Fleck' der Repräsentation erahnbar machen. Aber erst der reflektierende Geist des Künstlers/ Regisseurs vermag das Melodrama zu ironisieren und somit die affirmative Gewalt zu brechen.

169 Vgl. Robert Lang 1989, S. 42. Insgesamt gibt es beim Film drei Blicke: den der Kamera, den des Zuschauers und den der Figuren untereinander. Diese Blicke haben wahrnehmungstheoretische und psychoanalytische Implikationen, die in Kapitel 5 teilweise aufgegriffen werden sollen.

drama erreicht mit dem Film eine neue Dimension – und der Affekt ist die Klammer, die Handlung und Ideologie verbindet. Die ästhetischen Momente des Illusionismus und der Eindeutigkeit und des universellen Sinns werden ebenfalls durch das neue Medium perfektioniert: Schnitte, Nahaufnahmen und originale Schauplätze ermöglichen das perfekte Setting, das noch dazu eine Natürlichkeit und Unmittelbarkeit besitzt, die das Theater nie hätte erreichen können. Die Personentableaus, die die Familienordnung und soziale Ordnung über Typen vermittelten, weichen einer *mise en scéne*, die eine Hauptfigur, meist ein weibliches Opfer, in den tautologischen Kontext mit seiner Umgebung stellt, so dass der innere Konflikt der Figur tatsächlich ins Bild gebannt ist (wie beim lyrischen, situativen Stoff der Ariadne). Durch Musik und die Überdeterminierung durch die Umgebung der Figur, wird die mehrfach angemerkte Tiefe erzeugt, die eine sinnhafte und universelle Welt erzeugen soll.

Die für das Melodrama typische Reduktion von Handlung und Charakter beschreibt Thomas Elsaesser als „sublimation of dramatic conflict into decor, colour, gesture and composition of frame".[170] Er konstatiert weiter, dass das Melodrama im Gegensatz zum Genre des Western-Films ein abgeschlossenes, unlösbares Handlungssystem bilde: Während für den Western der 50er und 60er Jahre die Weite und Offenheit des Landes metaphorisch ist (und eine eskapistische Sehnsucht des städtischen Publikums), und der männliche Held Konflikte offen über direkte Aktionen austragen kann (auch hier gibt es, meines Erachtens, das melodramatische und moralische Repertoire an schurkischen und Heldenzeichen), ist diese Offenheit der Heldin des Melodramas nicht vergönnt.

> The family melodrama, by contrast, through dealing largely with the same oedipal themes of emotional and moral identity, more often records the failure of the protagonist to act in a way that could shape the events and influence the emotional environment, (...). The world is closed, and the characters are acted upon. Melodrama confers on them a negative identity through suffering, and the progressive self-immolation and disillusionment generally ends in resignation: (...).[171]

Fragmente des Erduldens und Leidens in sukzessiver, stilisierter, und somit phallischer Reihung bilden Ariadnes Melodrama aus, a-

---

170 Thomas Elsaesser: Tales of Sound and Fury – Observations on the Family Drama, in: Home is where the heart is – Studies in Melodrama and the Woman' s Film, London 1987, S. 52.

171 Elsaesser 1987, S. 55.

ber auch die Filmheldinnen zeigen diese Momente. Doch während Ariadne ihr Pathos auslebt, sind die Spannungen im Film unter die Oberfläche in die Enge eines einzigen Haushalts verbannt und drängen in Tautologie über das Dekor, die Gesten und die Mimik in die Wahrnehmung des Zuschauers. Durch die Enge und Unmöglichkeit zur Aktionen gibt sich das Genre fast hysterisch: In seiner unterdrückten Überladenheit hat man das Gefühl, dass nie das gesagt wird, worum es wirklich geht, dass die Aktionen nichts als Freud'sche Übersprungshandlungen sind. Ähnlich der Traumdeutung[172] muss der Zuschauer die Momente lesen, da das innere Befinden sich an Symbolen zeigt. Triviale Gegenstände wie Geschirr, Möbelstücke und Kleidung werden mit einer neuen ikonografischen Schablone überzogen. So z.B. auch Treppen: Sie gehören sowohl zum melodramatischen Inventar als auch zum Repertoire eines Hollywood-Thrillers und bedeuten u.a. Aufstieg, Abstieg, Veränderung usw. Auch triviale Gesten, wie Geschirrspülen, Essen und Trinken, erhalten im Kontext des Konflikts/ der Narration eine große Bedeutung und charakterisieren den inneren Zustand des Protagonisten.

Thomas Elsaesser zeigt auf, dass Frauen in den Melodramen meist als wartende, am Fenster stehende, also passive Figuren und in bestimmter Relation zur Umgebung gezeigt werden. Er verdeutlicht das an einem Beispiel aus *Since you went away.* Die Protagonistin, verkörpert von Claudette Colbert, kehrt, nachdem sie ihren Mann zum Bahnhof gebracht hat, im Morgengrauen nach Hause zurück und betrachtet sich die Gegenstände aus dem Besitz ihres Mannes: eine Pfeife, eine Tasse, Hausschuhe und den Hund, bis sie in Tränen aufgelöst aufs Bett fällt. Die Verlassene erinnert sich an den *locus amoenus*, wobei die Gegenstände die Liebesbeziehung repräsentieren, wie im *Still #12* der Koffer das innere Chaos und die zerrüttete Ehe. Natürlich sind die Belehnungen eine exzessive, mythische Überdeterminierung und Überbelastung der Gegenstände. Zugleich setzen sie die passive, leidende Frau in Szene, die in abgeschlossener heimlicher Trauer phallisch ist. Elsaesser beschreibt diese Überinvestition in Gegenstände, die übrigens geschlechtertypisch inszeniert wird – Helden in Melodramen sind zumeist aggressiv, also aktiv und destruktiv (zerschlagen Bilderrahmen oder Bierflaschen), während Frauen sehr zärtlich und bewahrend sind –, folgendermaßen:

> The more the setting fills with objects to which the plot gives symbolic significance, the more the characters are enclosed

---

172 Vgl. Elsaesser 1987, S. 59.

> in seemingly ineluctable situations. Pressure is generated by things crowding in on them and life becomes increasingly complicated because cluttered with obstacles and objects that invade their personalities, take them over, stand for them, become more real than the human relations or emotions they were intended to symbolise.[173]

Die zwanghafte Verschränkung der Bedeutungen bildet also ein Netz, das die Figuren hilflos macht. Das bourgeoise Zuhause ist ein Gefängnis. Auch die interpersonalen Beziehungen bilden ein Netz, und so zeigt auch das Film Melodrama ein Tableau einer Gesellschaft: Minellis *Home from the Hill* zum Beispiel webt sorgsam ein psychoanalytisches Netz zwischen die Figuren, dessen Spiegelbildlichkeit (die Vorgänge, z.B. zwischen Vater und Stiefsohn, wiederholen sich in verschiedenen Konstellationen) nur der Zuschauer in seiner Distanz zu erfassen vermag.

## 4.5 Abschließende Beispiele der melodramatischen Belebung der Fotografien von Cindy Sherman: vom *runaway girl* über den *angel at home* zur Paranoia

Mit all den Voraussetzungen des lesbaren Körpers in der westlichen Kultur, die im Vorigen ausgeführt wurden, sollen nun noch einmal die *Film Stills* daraufhin untersucht werden: Stellt man zwei thematisch analoge Bilder nebeneinander, so wird der Exzess offensichtlich, der die Geschichten in zwei unterschiedliche Richtungen entstehen lässt. Eines der Bilder scheint aus einem Family-Melodrama zu stammen, das andere aus einer Fernsehserie, vielleicht der frühen siebziger Jahre.

Beim *Film Still #48* (Abb. 17) und beim *Rear Screen Projection* Bild *#66* (Abb. 18) wird man die Geschichte eines ‚runaway girl' hineinlesen. Beim ersten könnte man die Figur als die Unschuld vom Lande charakterisieren, die vielleicht verwaist wäre; beim zweiten als die freche Stadtgöre, die vielleicht wegen eines mutterlosen ‚Zwei-Brüder-Haushalts' so hart geworden wäre, aber eigentlich einen verwundbaren Kern hätte. Zu jedem der Mädchen, zu jeder der Geschichten, hat man eine andere emotionale Haltung. Diese wird vor allem durch die Tautologie der *mise en scéne* erzeugt: Nicht über die Musik, sondern über das komplette Arrangement ergibt sich beim Betrachten die mythische Zuordnung und vor allem der Affekt. So zeigt das erstgenannte ‚runaway' Bild ein an der zurückhaltenden Haltung als wohlerzogen erkennbares Mädchen, das maßvoll bis

---

173 Elsaesser 1987, S. 62

unauffällig oder gar konservativ bis kleinbürgerlich gekleidet ist. Sie wird an der Straße stehend gezeigt mit einem einsam und trostlos positionierten Koffer, der sie selbst zu doppeln scheint. Da sie vor einer Straßenbiegung wartet, ist faktisch und symbolisch nicht erkennbar, was kommen wird.

Das *Film Still* #53 (Abb. 19) zeigt im Ausschnitt das Gesicht einer mädchenhaft wirkenden Frau mit kurzem, helleren Haar, die vor einer weiß gestrichenen Backsteinwand steht. Die Schultern hängen traurig herab, der Kopf ist leicht nach links geneigt, die Augen suchen, ganz in die linken Augenwinkel gewandert, ein Blickobjekt, das nicht mehr im Ausschnitt zu sehen ist. Ein schüchterner, eifersüchtiger Ausdruck ist in ihrem Gesicht lesbar, als wäre sie enttäuscht, dass ihr Schwarm, der vorher noch mit ihr herumgealbert hätte, sich nun doch mit der wesentlich fraulicheren Schwester amüsierte. Diese Interpretation wird gefördert durch das explizite In-der-Ecke oder Außerhalb-des-Lichts-Stehen; der hinter ihr aufgebaute Deckenfluter wirft sein Licht fast ignorant an ihr vorbei. Ein mitfühlendes Verständnis, das man einer um die verdiente Aufmerksamkeit betrogenen Freundin zu Teil werden ließe, ist die emotionale Haltung, die man sowohl der rasenden Ariadne, als auch der Figur dieser Fotografie zukommen lässt. Die Wechselwirkung von Körper und Raum, von Seele und Körper im Bild sind die wichtigsten Elemente der mythenbelebenden Aussagekraft und Bedeutung melodramatischer Bilder – die wiederum erst in der Wechselwirkung mit dem Betrachter entstehen. An diesen Beispielen konnte man also erstens sehen, dass die sozialen Lebensbedingungen der Figur ‚auf den Leib' geschrieben sind, ganz in der Manier des Vorurteils, und zweitens, dass wir emotional darauf reagieren und eine Nähe zu den Figuren aufbauen, die sich dem abgespeicherten Mythos verdankt, und die eine empathische und freundschaftliche Anteilnahme ist; nach der Gut-Böse-Moral unseres Unbewussten wird das Gesehene unter Haltungen der Zustimmung, Abneigung, usw. abgespeichert.

Die meisten der *Untitled Film Stills* zeigen Merkmale des amerikanischen Melodramas: Frauen in Innenräumen bei der Hausarbeit als ‚angel in the house'. So z.B. das Still #3 (Abb. 21). Es zeigt eine junge Frau mit kleiner Küchenschürze vor einem Spülbecken stehen. Das obere Kopfende ist durch den Ausschnitt abgeschnitten. Sie blickt über die linke Schulter, die leicht hochgezogen ist, weil sie sich kess mit dem Arm auf der Spüle aufstützt. Sie ist von Haushaltsobjekten umgeben: Das Regal gegenüber vermittelt die Enge des Raumes; die

Tasse mit Löffel, das Spülmittel und das gläserne Gefäß umzingeln die brave und doch sehr sexy wirkende Hausfrau, man beachte dazu vor allem die freche Schleife und ohnehin das Material der Schürze, das in seiner Transparenz auch an Dessous erinnert. Der Engel von Ehefrau bildet das perfekte Blickobjekt des Voyeurismus. Aber auch die destabilisierende (im phallischen Sinn) Antihausfrau ist in den *Film Stills* vertreten. Die Frau als Rätsel, das die Männer in gnadenlose Abhängigkeit und gar in die Kriminalität treibt, die bewusste Verführerin, der Schrecken Rousseaus und Diderots, die *femme fatale* des *film noir*, ist in den *Film Stills* anwesend. Man siehe das *Film Stills #32* (Abb. 22) mit der halbschattig verdeckten rauchenden Verführerin oder den bewusst geschwungenen Körper der Brünetten im *Still #49*. Dennoch dominiert der passive, abwartende, träumende, sehnsüchtige Typ, stehend an Treppenaufgängen, vor Türen oder im Schlafzimmer; ihre stumme Umgebung doppelt die melancholische Verlassenheit, die durch das Medium Fotografie noch untermalt wird. Aber auch die hysterisch gewordene, paranoide, erkrankte Vertreterin amerikanischer Filmkultur ist in den *Stills* kreiert: So zeigt das Bild *#26* (Abb. 23) eine junge Frau im Nachthemd in einem kargen, trostlosen Flur, die Hände zum Schutz ins Gesicht gezogen, das *#30* (Abb. 24) das Portrait einer panischen Frau mit verschwitztem Gesicht, als habe sie gerade eine Verfolgungsjagd hinter sich; im *Still #38* (Abb. 25) stolpert eine geisterhafte Gestalt (das Unheimliche wird noch durch die Unschärfe der Aufnahme betont) im Nachthemd durch einen kleinen Tümpel; und das *Still #82* (Abb. 26) zeigt im optischen Arrangement zweier Türrahmen eine steif aufrechtsitzende, nicht weniger entrückt wirkende Frau im Nachthemd mit einem wirren Haarschopf. Mit Hilfe des Aufsatzes von Mary Anne Doane kann man leicht eine Zuordnung der Bilder zu einem Genre finden, das zunächst dem Melodrama entgegengestellt zu sein scheint, weil es den phallozentrischen Voyeurismus auszuschalten scheint: der Paranoid-Woman's-Film zum Großteil aus den 40er Jahren, z.B. *Rebecca, Suspicion, Dragonwyck, The two Mrs. Carrolls* oder *Gaslight*[174]. Die Zielgruppe des Genres ist, wie beim Melodrama, das Klientel der Frauen; handelt er doch von Frauenschicksalen, z.B. von Figuren, die sich von ihrem oder einem Mann verfolgt fühlen. Sie werden für krank erklärt, meist vom sadistischen Ehemann und einem ignoranten Arzt, bis sich herausstellt, dass ihre Paranoia begründet war. Bis dahin durchleidet der

174 Beispiele aus: Mary-Anne Doane: The Woman's Film – Possession and Address, in: Home is where the heart is, London 1987, S. 286.

Zuschauer mit der Protagonistin zahlreiche Schockmomente und die ständige Angst vor dem eigenen Zuhause, das mehr und mehr fetischisiert wird (ähnlich dem weiblichen Genital wird es nach Freud zum Unheimlichen, Anderen); es wird in unzählige Türen und Treppen aufgeteilt und in seiner Dunkel- und Abgeschlossenheit mehr und mehr zum Alptraum.[175] Das wiederholte Am-Fenster-Stehen der Protagonistin wird dann zum Symbol für die Trennung privat und öffentlich. In ihrer Tätigkeit der fast kriminalistischen Aufdeckung hat die weibliche Protagonistin einen aktiven Status, der dann erneut durch ihre Opferposition gebrochen wird. Der erotische Blick auf sie wird zum medizinischen: Ähnlich der Freud'schen Dora wird die Frau hier in einen anderen psychoanalytischen Kontext eingebunden: in die Erzählung der Hysterie. Die nach und nach verstummende Figur existiert nur noch über das Lesen der und Berichten über die somatischen Zeichen durch den Arzt. In dieser Konstruktion ist die paternale Ökonomie des Sehens also nach wie vor gültig. Der Paranoid-Woman's-Film ist (in seiner klassischen Ausführung) also wider Erwarten ganz und gar nicht subversiv, sondern in völliger Analogie zur westlichen Kultur der Repräsentation zu verstehen, da seine Darstellungskonvention die Frau objektiviert und zum Gegenstand des Voyeurismus macht.[176]

## 5. Dekonstruktion und Grenzauflösung: die Subversion des Melodramas in Cindy Shermans Fotoarbeiten

Die an diversen Stellen der Arbeit schon angedeutete Brechung der melodramatischen Illusion von Bedeutung und der stabilen Blick- und Subjektpositionen durch Einzelheiten der Fotografien von Cindy Sherman soll in diesem Kapitel nun in der ganzen Fülle und Ironie dargestellt werden.

### 5.1 Materialität und Wahrnehmung: die Irritation und Brechung der melodramatischen Illusion

Dass die *Untitleds* zunächst eine melodramatische Belebung evozieren und eine stabile Blick- und Bedeutungsökonomie etablieren, das konnte an den verschiedenen Beispielen gezeigt werden. Dabei wurde aber das entscheidende Moment der Bilder zu Gunsten der Annahme ausgeblendet: die Irritation. Während die inneren Vorgänge der Zuordnung des Filmmoments und die zeitliche Einord-

175 Vgl. Mary-Anne Doane 1987, S. 283-289.

176 Vgl. Mary-Anne Doane 1987, S. 290-296.

nung, sowie die Assoziation eines Genres und eines ungefähren Handlungsrahmens zweifelsohne intakt sind, so sind sie doch nie konkret oder stabil. Man schwankt und überdenkt die Entscheidung. Noch in dieser Skepsis befangen setzt das Erzählen ein, das – wie oben beschrieben – dem Mythenrepertoire entsprechend abläuft, eine moralische Wertung impliziert und einen emotionalen Dialog mit dem Bild herstellt. Aber auch diese Vorgänge sind von Zweifeln überschattet und man springt von Möglichkeit zu Möglichkeit, weil die tautologische Gewissheit eben doch nicht so gegeben ist wie man angenommen hatte. Hinzu tritt – sobald man es realisiert hat, dass es sich immer um dieselbe Person handelt – das Erstaunen über die Wandlungsfähigkeit der Künstlerin. An dieser Stelle der ‚Lese'-Etappen wird es ausgeschlossen, dass es sich um real-existierende Filme handelt. Das Repertoire befindet sich nämlich im Betrachter selbst, dessen unsicherer Dialog mit dem Bild inszeniert wird. Nicht die Künstlerin wird transformiert, sondern der Rezipient, und das auf sehr intelligente und intensive Weise. Kolesch beschreibt diesen Vorgang der ästhetischen Erfahrung sehr treffend, wenn sie sagt, dass zunächst das „sicher geglaubte Wissen erschüttert" und darüber hinaus das eigene Sehen in einen dynamischen Prozess verwickelt werde.

> Ich nehme nicht nur das Photo, die Gegenstände auf dem Photo, die Bildaufteilung, Farbigkeit oder Ausleuchtung wahr, sondern ich nehme mein eigenes Sehen wahr, als einen (...) Versuch einer Entzifferung oder Bedeutungszuschreibung, als schlagartig Anders-Sehen des Gesehenen, als Abwehr des Gesehenen, als erneuten Versuch, dies irgendwie einzuordnen (...). Shermans Photos provozieren einen widersprüchlichen Modus der Wahrnehmung, in dem gegensätzliche Phänomene beständig ineinander spielen: Kontemplation und Schock, Dehnung der Zeit ebenso wie deren punkthafte Verdichtung, Balance der affektiven Beteiligung sowie Widerstreit der emotionalen Besetzungen des Gesehenen und des Sehens selbst.[177]

Dieser Versuch des Entzifferns, der sich, wenn wir nicht irritiert werden, unbewusst vollzieht, ist das, was die Bildwissenschaft derzeit untersucht – sie prüft die verborgene affektive und mythische Struktur, die bei jedem Betrachten eines Bildes automatisch in Gang gesetzt wird. Diese Struktur habe ich versucht als melodramatisch zu identifizieren – natürlich nur als Arbeitsbegriff. Allerdings wird bei den Beispielen aus Theater, Film und Fotografie (und würde

[177] Kolesch 1998, S. 182.

man die Probe machen: auch bei der Seifenoper) klar, dass sich die Rezeption von Bildern aus fiktivem Kontext nicht viel von der unfiktiver unterscheidet. So können z.B. politische Vorfälle in einem sprechenden Bild komprimiert sein: Vor kurzem sah ich ein Foto in einem politischen Magazin, das einen betenden amerikanischen Soldaten in der trockenen Wüstenlandschaft des Irak zeigte, und schon stellten sich oberflächlich eine Erzählung von Gut und Böse, sowie eine biblische Konnotation ein. Ein melodramatisches, moralisch dualistisches (naives) Narrationsklima drängte sich mir auf, das aus einem mythischen, kulturell geprägten Repertoire stammte. Auch hefteten sich ein Stück Vergangenheit und ein Stück Zukunft an das Bild: die persönliche Geschichte des Soldaten, seine Familie zu Hause und sein möglicher Tod durch feindliche Schusswaffen. Das Melodrama kann aber nur funktionieren, wenn es keine Brechung gibt. Die *Untitled Film Stills* als ästhetische Fotografien brechen also die melodramatische Illusion durch die Irritation: Die Dynamik des eigenen Sehens und die verborgene innere Struktur des ‚Lesens' wird sichtbar.

Welches sind die irritierenden Merkmale, die man um mit Roland Barthes zu sprechen, als *stumpfen Sinn* oder *punctum* der Fotografie bezeichnen könnte? Das *punctum* ist jenes Element oder Detail einer Fotografie, das den Betrachter ‚sticht', bewegt' oder verletzt', weil es nicht im *studium*, der kulturell geprägten Lesart (melodramatisch, moralisch, mythisch), aufgeht, sondern einen persönlichen Dialog zum Betrachter führt und ihn verwirrt.[178] Der *stumpfe Sinn* gegenüber dem *entgegenkommenden* meint – meines Erachtens – dasselbe, er ist nur mehr auf die Fiktion bezogen (das *punctum* kann in jedem privaten Schnappschuss vorhanden sein). Am Beispiel eines Films von Sergej Eisenstein macht Barthes den *stumpfen Sinn* als einen Riss im Sinn, im *entgegenkommenden Sinn,* verstehbar, der die Fiktion stört und auf den Montagecharakter aufmerksam macht. Dann wird sichtbar, dass der/ jeder Film aus einzelnen Fotografien besteht und die Figuren als Synthesen aus Schauspieler, Kostüm und Bewegung charakterisierbar gemacht werden können. Als Schramme durch den Sinn breche Eisenstein die Mimesis und die Illusion, damit die mythische Erzählung – und macht so die verdrängte *suture* (Naht) sichtbar. Der stumpfe Sinn ist subversiv.[179] Das Sinntableau der filmischen *mise en scéne* wird dann von einem Riss gestört: Die verbor-

178 Vgl. Barthes 1985, S. 29-37.

179 Vgl. Roland Barthes: Der entgegenkommende und der stumpfe Sinn, in: Ders.: Kritische Essays III, Frankfurt/ Main 1990, bes. S. 60-63.

gene Materialität des Films wird sichtbar sowie das eigene ständige Bemühen, das Gesehene in einen einheitlichen Kontext zu bringen, der dem Subjekt eine stabile Umwelt gibt. Bei Sherman gibt es unzählige Beispiele des *stumpfen Sinns.* Am offensichtlichsten sind wohl kleine Fehler wie das sichtbare Auslöserkabel im *Still #6* (Abb. 11) oder die verrutschte Perücke, sowie die unnatürlich aufgerissene Papiertüte im Bild *#10* (Abb. 2), der völlig überzogene pathetische Gesichtsausdruck der Frau mit dem Kofferchaos im Schlafzimmer, die schon das Knie aus dem Morgenmantel hervorblitzen lässt, um das anzudeuten, dass sie in ihrer Verzweiflung sogleich an der Wand herabgeleiten werde (im *Still #12*, Abb. 8). Diese Künstlichkeiten stören die Illusion und die ‚absorptive Unschuld'. Es wird eine Arrangiertheit offenbar, die nicht nur auf die industrielle Fertigung verweist, nämlich auf die Eigenschaft des Filmstandbilds als Werbefotografie, das in Wirklichkeit gar nicht aus dem Fluss des Films stammt, sondern auch auf das bewusste Irreführen durch die Künstlerin, die den Betrachter absichtlich oder fahrlässig in eine Wunschfalle hat tappen lassen.

Dann gibt es das Moment des Kippens der Attraktivität: Keine der Figuren entspricht wirklich dem Schönheitsideal – in voller Absicht übrigens. Auf die Frage Dickhoffs in einem Interview, ob sie Risse in der Rollenmaske zeigen wolle, antwortete Cindy Sherman:

> Frauen sind in diesen Filmen immer sehr direkt und vordergründig im Bild, portraitiert in ziemlich offensichtlichen Gefühlsmomenten. Entweder sie sind sehr glücklich oder sehr traurig, sehr verängstigt oder sehr verführerisch. Sie geben diese eindeutigen und eindimensionalen Bilder ab. Ich bin mit den Gefühlen der Frauen in meinen Bildern etwas ambivalenter umgegangen. Mich haben die linkischen Momente zwischen gut und böse, glücklich und unglücklich, schön und hässlich interessiert.[180]

Die Heldinnen Shermans sind vorwiegend überschminkt, oder der auf den zweiten Blick doch recht uneindeutige Gesichtsausdruck verhindert das völlige emotionale Aufgehen des Betrachters: Oft wirkt der Ausdruck gespielt oder unbeholfen. Manchmal ist die Perspektive einfach unvorteilhaft, wie u.a. Kaja Silverman in ihrer Untersuchung der Pose herausgestellt hat. Der offensichtliche Wunsch der Protagonistin sich vor der Kamera (als Stellvertreterin der Blicke der Anderen) von der besten Seite zu zeigen, stimmt laut Silverman jeweils nicht mit dem Resultat überein. Wenn Pose und Perspektive

---

180 Sherman im Interview mit Wilfried Dickhoff 1995, S. 26.

sich nicht decken, dann wird das Wesen der Pose (und die Perspektive und so die Ordnung des Blicks), nämlich die Inszeniertheit sichtbar. So zeigt das *Film Still #34* (Abb. 4) zwei ‚nicht mehr schöne' Beine, da sie durch die Perspektive verkürzt aussehen; das schwarz bezogene Bett, ganz die Fläche des Bildes einnehmend, scheint darüber hinaus zu plakativ auf das Moment der inszenierten Verführung ausgelegt zu sein.[181] Die phallische Unschuld und die *absorption* sind nicht ‚gelungen', Sherman verkörpert die nach Rousseau „schamlose Schauspielerin". Dieser Bruch der Illusion verschließt der für unsere Kultur typischen Narration die Tür: Mit der Inszeniertheit, der Offenbarung der absichtsvollen *mise en scéne* wird der Zauber der beruhigenden Erzählungen verhindert. Zurück bleiben die Materialität der Fotografie[182], die Pose und der Tod.

## 5.2 Eine Oberfläche ohne ‚Dahinter': die Rückkehr des Verdrängten

Martin Schwander – anscheinend ganz in seiner eigenen irritierten Wahrnehmung befangen - schreibt über Shermans Heldinnen:

> An Shermans frühen Heldinnen machen sich unter der adretten Oberfläche Anzeichen von Angst und Beunruhigung, von Einsamkeit und Entfremdung bemerkbar. Sie vertuschen diese Anzeichen durch die Konditionierung ihres Körpers in den durch die Gesellschaft vorgegebenen Rollen als Hausfrau, Studentin, Geliebte oder Filmstar.[183]

Auf Grund der eigenen Verunsicherung, dass man die Figuren weder auf eine stabile Identität festlegen, noch in eine beruhigende Erzählung einbinden kann, hat dieser Betrachter offensichtlich einen neuen Mythos entworfen; er hat die eigene Angst und Verstörung auf die Figuren projiziert. Ähnlich Arthur Danto, der versucht, trotz

---

181 Nach Silverman 1997, S. 51ff.

182 Martin Schulz beleuchtet in seinem Aufsatz zum Verhältnis von Bild, Psyche und Körper den Wechsel von illusionistischer zu antiillusionistischer Kunst am Beispiel eines Gemäldes von C.D. Friedrich aus der Romantik. Hier werde der Betrachter in einen Dialog und geistigen Gehalt verwickelt, der sich außerhalb des Bildes in der Vorstellung befinde. Im Gegensatz dazu konfrontiert ein monochromes Bild, wie z.B. eines von Barnett Newmann von 1955, mit der reinen Materialität des Bildes, macht auf die Sehnsucht nach der Bedeutungsgebung aufmerksam und die eigene Wahrnehmungsmechanismen sichtbar. Martin Schulz 1997, S. 10/ 11.

183 Martin Schwander: Die Außenwelt der Innenwelt, in: Cindy Sherman – Photoarbeiten 1975-1995, München 1995, S. 12.

der Verunsicherung einen romantischen Mythos aufrecht zu erhalten, wenn er, ohne dies zu hinterfragen, mit einem universellen Weiblichkeitsbild, einer Projektion und ganz im Sinne der fiktiven bürgerlichen ‚Abgrenzung des Unvernünftigen' argumentiert:

> Das Mädchen ist eine Allegorie für etwas Tieferes und Dunkleres im mythischen Unbewussten eines jeden, gleich welchen Geschlechts... Jedes der *Stills* handelt von dem Mädchen in Schwierigkeiten, aber in ihrer Gesamtheit rühren sie an jenem Mythos, den wir alle aus Kindheit, Gefahr, Liebe und Sicherheit zurückbehalten, und der dort, wo die wilden Dinge leben, die *condition humaine* bestimmt.[184]

Und sogar bei Bronfen wird die Position nicht klar differenziert, wenn sie die Bilder Shermans zunächst in eine feministisch geprägte Diskussion um die Hysterie einbindet und dies dann wieder relativiert: Hysterie als Sprache des weiblichen Körpers, als Ausdruck eines Unbehagens an einer Kultur, die die Frau mit Repräsentationen belegt, welche nicht mit einer authentischen Weiblichkeit übereinstimmten. Sherman – wie die Hysterikerinnen in feministischer Auslegung – mache die Struktur der phallischen Bedeutungsökonomie sichtbar, indem sie ein unbewusstes „Leiden an Erinnerungsspuren", ein Trauma der Psyche somatisch äußere. Allerdings ist diese Auslegung Bronfens, wenn auch mit dem Argument relativiert, Sherman sei dabei kein Opfer der Hysterie, fragwürdig, hat doch u.a. Britta Herrmann an literarischen Beispielen herausgearbeitet, dass auch die Hysterie eine ‚Erzählung' sei, die die Geschlechterdifferenz letzten Endes nur stabilisiere und nicht den fiktiven Charakter hinterfrage.[185]

Diese drei Ansätze oder Positionen zu den Bildern Shermans zeigen unterschiedliche Versuche der Betrachter ein ‚Dahinter' in den Bildern zu sehen, das wiederum durch die Irritation verwehrt wird: Die stabilisierende narrative Einbindung ist nicht möglich, und schon wird das, was man sieht, unheimlich. Vom signifikanten Moment zerfällt das *Film Still* wieder zum Fragment, dieses weist nach Roland Barthes nie über das Fragmentarische hinaus – somit ist es, gedanklich, wie ein aus dem Bewegungsfluss der malerischen Linie herausgelöstes Bild Blandines (Abb. 7). Es wird, uneingebunden in die gezähmte weibliche Welle und ohne tautologische und

---

184 Zitiert in Bronfen: Das andere Selbst der Einbildungskraft 1995, S. 23.

185 Vgl. Britta Herrmann: Das uneinige Geschlecht: *His*tory, Her Story, Hysterie – Erzählen, Körper, Differenz, in: Differenzen in der Geschlechterdifferenz – Aktuelle Perspektiven der Geschlechterforschung, hg. Von Kati Röttger/ Heike Paul, Berlin 1999, S. 169-186.

emotionale Einbindung, zu etwas, das seine Produzenten nicht beabsichtigten. Statt des *kontrollierten,* schönen Kunst-Tods in der Stilisierung, der imaginativ belebt werden kann, kehrt das Verdrängte wieder; und die fiktive Qualität unserer Erzählungen wird bewusst: die Ordnung des Mangels und der Frau als Leerstelle und Projektionsfläche. Die subjektbildende Abgrenzung und Externalisierung des Anderen haben – grob gesagt – die Dualismen geschaffen, haben Geist/ Körper, Mann/ Frau und Leben/ Tod als binär, gegensätzlich und hierarchisch definiert. Mit der Verdrängung wird auch die Angst geschaffen. Nach Baudrillard, der in seiner Untersuchung den symbolischen Umgang der ‚Wilden' mit Tod und Subjektivität, nämlich die Initiation und antidualistische Weltwahrnehmung, der westlichen Kultur gegenüberstellt. In unserer Kultur sei der Tod auf ein biologisches Ereignis reduziert, in diversen anderen Kulturen sei es aber ein vorwiegend soziales. Ihm werde durch die Initiation ein tauschbarer Charakter verliehen, so mischten sich symbolisch die bei uns so sorgfältig getrennten Ebenen der Lebenden und der Toten.[186] Da die binäre Ordnung unserer Kultur sich über Sprache vermittelt, ist natürlich keine Alternative vorhanden; höchstens indem man die fiktiven und naturalisierten Strukturen sichtbar macht und verschiebt, aus denen sie gebildet werden. Wie schafft es Sherman, die fiktive Trennung von Leben/ Tod, Mann/ Frau, Natur/ Kunst, Fantasie/ Realität usw. sichtbar zu machen?

### 5.2.1 Pose, Tod und Stillstand: das Sichtbarmachen der Ein-Schnitte

Was genau ist das Unheimliche an den Bildern, das uns drängt, sie mit dem Tod zu verbinden? Statt der Tiefe und Bedeutung bleibt nur das Material. Silverman hat übrigens Krauss folgend die Grobkörnigkeit der *Film Stills* hervorgehoben, die die Oberfläche noch einmal betonten; Barthes hat über die Fotografie bemerkt, dass man, egal wie sehr man sie vergrößere, am Ende nur das es-ist-so-gewesen und kein Dahinter finde.[187] Wenn eine wie auch immer geartete Tiefe nicht möglich ist, ist man auf das Wesen der Fotografie zurückgeworfen: Viele Theoretiker haben wie Barthes über die Fotografie eine assoziative Nähe zum Tod vermerkt. Das liege an ihrem Stillstand, ihrer zukunftslosen Stauung, die im Gegensatz zum Film, der ja Fotografie in Reihung ist, jede Katharsis und jedes Ent-

186 Nach Baudrillard 1991, bes. S. 206, 210, 121.
187 Barthes 1985, S. 111.

kommen aus dem Bild verhindere.[188] Die assoziative Mortifikation der Fotografie ist ein weiteres wichtiges imaginatives Element der Fotografie: Der Moment, in dem sich ein lebendiger Mensch unbewegt, also leblos vor der Kamera befunden hat, nennt man die Pose. Obwohl sie technisch längst überholt ist, niemand muss mehr zwecks Beleuchtungszeit länger in einer gewünschten Position verharren, ist sie essentieller Bestandteil der Fotografie und hat philosophische und psychoanalytische Implikationen. Diesen Vorgang veranschaulichen die Bilder Shermans. Hier macht sie die Beunruhigung deutlich, die das Subjekt spürt, wenn Leben und Tod einmal nicht klar voneinander getrennt, sondern in unauflösbarem Konnex verbunden sind. Eine fiktive Trennung wird brüchig. Silverman beschreibt die Pose mit Lacan als Mimikry, ein teils bewusstes, teils unbewusstes Positionieren im „Feld des Sichtbaren". In unserer Fantasie bilden wir, sobald wir wissen, dass wir fotografiert werden, mit der Umgebung eine *mise en scéne* aus, die nach mythischen Vorbildern gesetzt wird und aus einem idealen Repertoire an Bildern, aus dem Bildschirm unserer Gesellschaft stammt. Hier wird übrigens eine weitere unmögliche Trennung sichtbar: Fantasie und Realität sind nicht dualistisch.[189] In der Pose erstarren wir nämlich zur dreidimensionalen Vor–Fotografie und objektivieren uns selbst, werden zu Opfern/ Gegnern des Blickregimes. Das Blickregime, das in uns, um uns und auf uns existiert, beschreibt eine psychoanalytische Idee, die sich mit der oben angedeuteten Idee von der Welt als einer Reihung von Bildern verbindet. Sie lässt sich mit den Gedanken Craig Owens zum Posieren beschreiben: Seit das Spiegelbild die Dissoziation in Ich und Bild bewirkt und die Blicke des Anderen bewusst gemacht hat, sucht das Individuum, das Sigrid Schade so treffend als Di-viduum begreift[190], die Bestätigung des ganzen Körpers. Diese Suche wird nach Lacan von Ängsten des Zerrinnens begleitet und der Einschnitt und die Trennung, die das Subjekt und somit auch die Geschlechtung erzeugt (vor dem Spiegelstadium befindet sich der Mensch nach Lacan in einem psychischen Zustand der Bisexualität), soll durch die Maskerade der Frau als Phallus verdeckt werden. Analog zum Illusionismus des Melodramas, das sei-

---

188 Nach Barthes 1985, S. 66, 99, 100.

189 Dazu: Teresa de Lauretis: Das Subjekt/ Sujet der Fantasie, in : Privileg Blick 1997.

190 Schade, Sigrid: Der Mythos des ‚Ganzen Körpers' – das Fragmentarische in der Kunst des 20 Jahrhunderts als Dekonstruktion bürgerlicher Totalitäskonzepte, in: Frauen – Bilder – Männer – Mythen, Berlin 1997, S. 246.

ne Schnitte und die Konstruiertheit verdeckt, soll die Ganzheitsfantasie über die Trennung hinwegtrösten. Der Blick, der dann die Gewalt hat zum Objekt zu degradieren statt das Subjekt zu stärken, wird von der Person durch die Pose abgewehrt, die Mimikry wird eine defensive Schutzmaßnahme, die das Selbst zum Schein macht.[191] Indem Sherman die Pose ausstellt, rührt sie an dieser bürgerlich–fantasmatischen Blickkonstellation des Voyeurismus und der Maskerade.

Bereits die neuzeitliche Malerei zeigt den Konnex Subjekt, Bild und Angst. Hier blickt der Künstler dank seiner Technik als Herrscher auf eine ‚Natur', die geteilt, berechnet und geometrisiert und so, im wörtlichen Sinne, ab-gebildet wird. Der Illusionismus, der sich im Willen zur Naturbeherrschung gründet, ist eine Fiktion, die über das Bild als Objekt auch die Frauenfrage mit einschließt: Als ‚Leerstelle der Repräsentation' liefert auch hier das Weibliche die Projektionsfläche für den Diskurs des Schöpfers, der Kreativität. Besonders bei Aktbildern wird diese Konstellation bewusst. Der nackte Körper der Frau wird erst geteilt, ganz im Sinne von Dürers *Unterweysung mit dem Zirkel*, um sie dann zum ego-stabilisierendes Produkt zu montieren und mit Bedeutung zu belehnen. Der Bildstatus der Frau, die *being-looked-at-ness* (John Berger), hat also in einem psychoanalytischen Modell sein philosophisches Fundament.[192] In ihrer Doppelposition als aktive Künstlerin und passives Modell ironisiert Sherman den Voyeurismus und enttarnt den Bildstatus der Frau, indem sie die Frau als Repräsentation sichtbar und Weiblichkeit als Leseeffekt bewusst macht. Statt passiv den Blick zu vermeiden, blickt die Künstlerin aus dem Bild heraus, den Betrachter an und macht die Gewalt des Blicks sicht- und fühlbar; das nimmt ihm seinen Schrecken, denn er ist durchschaut. In der Stereotypisierung und dem Ausstellen der Frau als Text parodiert Sherman sowohl Kunst, Kultur und Metaphysik an Hand der Identitätsfrage: Judith Butler hat herausgestellt, dass die von der westlichen Philosophie gedachte Entität oder metaphysische Ontologie der Person eine Fiktion ist, denn das Subjekt ist nicht von Natur aus kohärent, sondern normativ: Durch bestimmte Regulierungsverfahren der repressiven Gesetze, durch ein ständiges Tun, durch die Performanz wird die Einheit

---

191 Vgl. Craig Owens: Posieren, in: Diskurse der Fotografie – Fotokritik am Ende des fotografischen Zeitalters, Bd. 2, hg. Von Herta Wolf, Frankfurt/ Main 2003, bes. S. 105-112.

192 Vgl. Silvia Eiblmayr 1993, S. 66-68 oder Schade/ Wenk 1995, S. 383.

des Geschlechts und des Subjekts erzeugt.[193] Indem die Künstlerin nicht nur Masken und mögliche Identitäten, sondern auch die Erinnerungen an bestimmte Ge- und Verbote der Gesellschaft implizit mitinszeniert, macht sie die juridische Struktur der Gesetze präsent. Diese sind sonst sorgfältig von der Oberfläche verbannt oder werden in moralischen Erzählungen als richtig und gut, d.h. stabil und das Leben fördernd, vorgeführt. Dabei ist die Erstarrung zu Pose symbolisch gemeint:

> (...) die Geschlechtsidentität ist die wiederholte Stilisierung des Körpers, ein Ensemble von Akten, die innerhalb eines äußerst rigiden regulierenden Rahmens wiederholt werden, dann mit der Zeit erstarren und so den Schein der Substanz, bzw. eines Schicksals des Seienden hervorbringt.[194]

An anderer Stelle wird der narrative Charakter der Identitätserzeugung noch einmal deutlicher, wenn Butler sagt:

> Ist also die Grundlage der geschlechtlich bestimmten Identität keine bruchlose (...), sondern eine stilisierte Wiederholung von Akten in der Zeit, so verschiebt sich die räumliche Metapher vom ‚Grund' und enthüllt sich als stilisierte Konfigurierung, ja als durch die Geschlechtsidentität bestimmte Verkörperung von Zeit.[195]

Wie im Melodrama wird durch die narrative Einbindung von Momenten in der Zeit eine Allgemeingültigkeit forciert, die ein festes Welt- oder Geschlechterbild etabliert. Entziehe ich der Wiederholung die Zeit – wie durch den Stillstand der Fotografie – wird die Inszenierung mangelhaft, ihre Künstlichkeit sichtbar. Das herausgestellte (ästhetische) Einzelbild kann nämlich über „Verfehlung der Wiederholung" oder „Deformation" und „Parodie"[196], ganz im Sinne der Foucaultschen Genealogie[197], die große Anstrengung der Etablierung einer Kohärenz sichtbar machen und wie Silverman es nennt, den „Bildschirm neu konfigurieren"[198]; denn das Gesetz findet stark über das Visuelle seine Wiederholung und Bestätigung. Butler nennt die Mittel der Hyperbolik und Übertreibung – den Exzess also, der auch das subversive Potential des Melodramas ist.[199]

---

193 Vgl. Butler 1991, S. 49.

194 Butler 1991, S. 60.

195 Butler 1991, S. 207.

196 Begriffe von Butler, siehe S. 207, 215, 217.

197 Siehe Fußnote 134.

198 Silverman 1997, S. 42.

199 Besonders das Film-Melodrama hat in der zweiten Hälfte des 20. Jahrhunderts eine Aufwertung erfahren, weil man diese Fähigkeit erkannte.

### 5.2.2 Die Deformation des Blicks und der ‚Hohen Kunst'

Besonders die *Untitleds*, die als *Sex Pictures* bezeichnet werden, machen die Shermansche Deformation anschaulich. Diese Deformationen machen die diskursiven Ordnungen der Geschlechter, des Blicks, der Identität und Verdrängung des Todes von der schönen Oberfläche fast fühlbar. Hier werden nicht mehr lebende Körper, sondern leblose Anatomiepuppen in Posen des westlichen, sexualästhetischen Repertoires arrangiert und bilden mit Licht und Umgebung eine *mise en scéne*, die dem Melodrama trotzt. Die Puppen veranschaulichen düster und augenzwinkernd zugleich die Objektivierung, die zuvor der lebende Körper in der Erstarrung zur Pose erfahren hat. Der schöne Tod der Heldinnen im Melodrama durch die Stilisierung wird hier zu einem leblosen und unbelebbaren Tod; gerade weil darüber hinaus auch noch tote Plastikteile mit dem Lebenstopos schlechthin verknüpft werden: mit der Sexualität.

> Für sich selbst genommen haben [die Puppen] überhaupt keine Ausstrahlung. Ich musste ihnen sexuelle Konnotation regelrecht aufnötigen. Selbst aggressive und perverse sexuelle Phantasien waren mit ihnen kaum zu inszenieren. Es blieb immer einen Rest von klinisch neutralem Insistieren.[200]

Das *Untitled #250* (Abb. 28) veranschaulicht Shermans Kunstgriff der Deformation, nicht weil die Körperteile bizarr deformiert sind und noch dazu montiert, was die Zerstückelungsangst des bürgerlichen Subjekts auslöst, sondern weil in der Übertreibung der Pose, die noch dazu verfremdet ist, die Erwartungshaltung und Passivität sichtbar gemacht wird, in der Frauen in unserer Kultur immer und immer wieder dargestellt werden. Die *absorption* ist völlig aus dem Bild getilgt; die Offensichtlichkeit des Genitals verbietet jede Erotik und der Widerspruch von jungem Frauenkörper und altem Gesicht, die übertriebene Ausstaffierung der Szene mit Haaren, die sonst ei-

---

Die hysterische Überladenheit und Überbelehnung der Gegenstände mit Bedeutung machten auf den Riss zwischen Signifikant und Signifikat aufmerksam und Regisseure wie Sirk, Minelli oder Scorsese machten die Materialität des Mediums z.B. durch Schnitte oder die übertriebene Korrespondenz von Figur und Gegenstand offensichtlich, sowie die Sehnsucht des Zuschauers nach Mythen. Vgl. Lang 1989 oder den Artikel von Alexander Jackob über Scorseses *Zeit der Unschuld*: The Age of Innnocence, Eine Geschichte über New York vor dem Zeitalter des Films, oder Film als Archiv der Sinne, in: Screenshot 4/ 2002, S. 14-16.

200 Sherman im Gespräch mit Wilfried Dickhoff, in: Kunst Heute 14, Köln 1994, S. 34.

ne erotische und angenehme Konnotation haben, lösen einen Ekel aus, der auch mit einem Lachen enden kann. Die Reduktion der Frau auf einzelne Körperteile erinnert an die Konstruktion der ‚Unschuld', die sich bei Rousseau und Diderot, sowie im Briefroman des Fräulein von Sternheim, über einzelne Körperpartien und deren Kombination etablierte. Der Blick teilte das Mädchen in Fetische auf, die dann - nach Baudrillard - den vollkommenen Phallus darstellten. Man sehe sich noch einmal die 'montierten' Beine der Tänzerin im *Film Still* #15 (Abb. 27) an und vergleiche ihren Gürtel mit dem im *Untitled* #263 (Abb. 30). Sherman verweist hier ironisch und plakativ auf den Schnitt der Geschlechtung und Individuation; so demontiert sie die westliche Ökonomie des fetischisierenden Blicks.
In einer Fotoserie aus der zweiten Hälfte der 80er Jahre, den *History Portraits* (siehe Abb. 225, 223) findet man ebenfalls diese ironisierende Brechung des Blicks. Sherman zeigt die einzelnen Körperteile als Fetische, um die in Kunst und Gebrauchsmedien gängige Belehnung der Körperteile zu zeigen; hier besonders die Belehnung der weiblichen Brust als lebensspendendes Zentrum der Mütterlichkeit. Auch in dieser Serie bedient sich die Künstlerin der Imitation, um altmeisterliche Gemälde, z.B. von Dürer oder Caravaggio, nachzustellen, oder in analogem Stil Bildmotive zu erfinden. Zur Verfremdung durch die offensichtliche Maskerade und den Medienwechsel tritt noch der absichtliche und parodistische Einsatz von Plastikattrappen als Körperteilen hinzu. So trägt eine ‚Madonna' in einer großformatigen Buntfotografie eine entblößte Plastikbrust; das Portrait (*Untitled #211)* einer wohlhabenden Dame im Profil, das an einen niederländischen Meister wie van Eyck erinnert, zeigt eine Plastiknase. Aber nicht nur vormoderne Epochen werden von Sherman thematisiert. Die Reihe der *Molding Foods* (Abb. 33, 34), die wenige Jahre später folgte, zeigen schaurig-schön arrangierte Bilder von Blut, Schimmel und Erbrochenem.

> (...), die Molding Foods sollten diesen falschen Effekt abstrakter Malerei ausstrahlen. Ich wollte, dass sie einen penetranten Geruch expressiver Malerei vortäuschen, dann aber mit dem konfrontieren, was ich fotografiert habe. (...) Ich konnte diese männlichen Malerattitüden einfach nicht mehr sehen, dieses Macho–Genie–Spiel, das ja von Anfang an ‚fake' war, (...).[201]

Die Mittel von Zitat und Anspielung positioniert die Fotografin in einen intertextuellen und intermedialen Dialog nicht nur mit der

201 Sherman, Kunst Heute 14, hrsg. von Wilfried Dickhoff, Köln 1995, S. 56.

Geschichte der Kunst, sondern auch mit der Kunstgeschichte als Disziplin. Was Sherman hier als ‚fake' bezeichnet und damit schon als Inszeniertheit enttarnt, ist in der Forschung bereits oft als ‚Mythos' oder ‚Diskurs' beleuchtet worden. Zum Beispiel von Silke Wenk und Sigrid Schade: In einer Analyse der Kunstgeschichte als Diskurs der ‚Meister', der sich bis zu den Künstlerviten Vasaris zurückverfolgen lässt, und seine Verbreitung über den Buchdruck im 16. Jahrhundert und im 19. Jahrhundert schließlich seine Institutionalisierung erfährt, machen sie in ihrer Untersuchung zu den *Inszenierungen des Sehens* die bis heute noch evidente Ausnahmestellung von Künstlerinnen in Ausstellungsbetrieb und Forschung sichtbar.[202] Auch auf dieser (scheinbar objektiven) Ebene finden sich also eine Erzählung und eine Trennung, die Sherman parodiert. An dieser Stelle lassen sich auch die *Film Stills* besser verstehen: Sie wurden bewusst als B-Kunst in einer B-Gattung, der kommerziellen Fotografie, inszeniert um auf die fiktive Unterscheidung von hoher Kunst und Kitsch aufmerksam zu machen. Kämpf-Jansen verweist sogar auf einen jahrhundertealten Zusammenhang: den von ‚Frau als Kunstschaffender' und Kitsch. Sie stellt Zitate über Kitsch neben Zitate über Frauen und es ergeben sich verblüffende Parallelen und Zuschreibungen, so z.B. bei Karpfen über Kitsch:

> So entsteht Kitsch z.B. aus einer ethisch mittelmäßigen subalternen Denk- und Gefühlsart, aus Seichtheit und charakterlichen Trivialitäten und zeigt sich im Missbrauch bloß konventionell gewordener entlehnter Formen, in der Übertreibung ins Rührselige, gefühlshaft Überbetonte wie in der falschen Neigung ins Imposante, Monumentale, Pathetische.[203]

Analog zu dieser Definition des Kitsches wird die Frau 1908 folgendermaßen von Scheffler beurteilt:

> Da die Frau also nicht original sein kann, so bleibt ihr nur, sich der Männerkunst anzuschließen. Sie ist die Imitatorin par excellence, die Anempfinderin, die die männliche Kunstform sentimentalisiert und verkleinert, die nach Goethes Wort ‚keiner Idee fähig ist' und ‚das Wissen und die Erfahrung des Mannes als ein Fertiges nimmt und damit

---

202 Schade und Wenk, S. 341.

203 Karpfen, F.: Der Kitsch - Eine Studie über die Entartung der Kunst, Hamburg 1925. Zitiert in: Kämpf-Jansen, Helga: Kitsch – oder ist die Antithese der Kunst weiblich?, in: Ilsebill Barta (Hg.), Frauen, Bilder, Männer, Mythen, Berlin Reimer 1997, S. 322.

schmückt'. Sie ist die geborene Dilettantin.[204]

Die Frau und ihr Schaffen werden von diesen Kunstkritikern also explizit nicht nur der mangelhaften Qualität, sondern sogar der dekorativen Nachahmung (der originären männlichen Schöpfung) beschuldigt. Hinzu tritt der meist affirmative Charakter des Kitsches, der sich ja besonders bei der Untersuchung des Melodramas zeigte, und die damit einhergehende emotionale Besetzung, die für die ständige Abwertung verantwortlich ist. Dass solche Zuschreibungen einem bürgerlichen Selbstbewusstsein zu verdanken sind, das erst seit kurzem hinterfragt wird, kann eines der ,Aha'-Erlebnisse sein, die durch die irritierenden Bilder Cindy Shermans ausgelöst werden.

## 5.3 Der Körper gegen die Erzählung: das Absterben der Pose

Ein andere innere Bewegung lösen die *Molding Foods* effektiv aus: Der Ekel und die Abwehr stellen den Bezug zur eigenen Körperlichkeit und Sterblichkeit her, die mit dem Kunsttod des Tableaus oder dem Erstarren zur Pose nicht mehr viel gemein haben. Der Körper, der aus der westlichen Philosophie verdrängt ist, und mit ihm die Frau (wie Grosz herausgestellt hat[205]), scheint als unheimliches ,Dahinter' statt als beruhigende Erzählung über die Ganzheit des Subjekts auf den Bildschirm zurückzukehren. Das Verdrängte bahnt sich einen Weg zurück in das Bewusstsein: über die Körperflüssigkeiten, rissige Haut und Verwesung (Abb. 35).

Das *Untitled Sex Picture* #259 (Abb. 29) zeigt Puppen in eindeutiger Pose des sexuellen Akts, aber die klinische Sterilität, die der phallischen glatten Oberfläche des Mannequins nicht unähnlich ist, lässt plötzlich die Körperflüssigkeiten vermissen und in dieser Irritation kehren die Gedanken Foucaults zu Sexualität und Macht zurück: dass der Körper der Durchlaufpunkt sei. Sofort realisiert man, von welch starker politischer Relevanz die Sexualität seit Entstehung der bürgerlichen Gesellschaft ist. Dabei haben die Körperflüssigkeiten als Krankheitsüberträger und mit ihnen die Körperöffnungen als Gefährdung des ganzheitlichen, geschlossenen Subjekts, einen überaus schlechten Ruf und sind mit einem großen Angstpotential behaftet; sie sind aus unserem positiven Bildrepertoire auch völlig zurückgedrängt. Sie werden mit Dreck und Sterblichkeit in Verbin-

204 Scheffler, K.: Die Frau und die Kunst, Berlin 1908. Zitiert in: Kämpf-Jansen 1987, S. 323.

205 Grosz 1994, bes. Einleitung und S. 3.

dung gebracht – wie Julia Kristeva in ihren Gedanken zum *abject* formuliert hat – sind im wahrsten Sinne das Ausgeschiedene, Abgegrenzte. Auch die meist flüssigen Formen der Körperexkremente sind instabil, grenzenlos, unheimlich. Zumeist wird die Frau mit den *fluids,* dank der Periode und der Brüste, die Milch zu produzieren vermögen, in einen ideellen Zusammenhang gesetzt; nur Tränen und Sperma sind in unserer Kultur positiv konnotiert, weil sie eine (mehr oder weniger imaginierte) klare und reine Phänomenologie aufzeigen. Diverse Versatzstücke der Fotografien Shermans verweisen auf diesen Komplex: Fließende Haare, Tampons und strömende Milch sind zunächst eklig, bis sie dann mehr und mehr als integraler Kompositionsbestandteil angenommen werden können. Sherman ironisiert diese Festschreibung – zeigt gesellschaftlich Inakzeptables als eine andere, fremde Schönheit. Darin liegt die subversive Kraft der Bilder, die fiktive Muster mit Humor zu brechen vermag.

Sherman inszeniert hier das Ende Glaubens an das repräsentative Verhältnis von Körper und Geist, indem sie letzteren aus dem Bild streicht und zunächst nur noch Körper zeigt: keine bedeutende Oberfläche, sondern nur eine Oberfläche; die jedoch in ihrer schönen Arrangiertheit, die nicht vorgibt etwas anderes als das zu sein, die Seele wiederkehren lässt. Aber nicht in einem dualistischen, sondern in einem fließenden Modell, einer untrennbaren Einheit jenseits der mythischen Benennungen. Von einem solchen Körpermodell referiert auch Grosz, wenn sie Gilles Deleuze und Felix Guattari in den Kontext ihrer Idee vom Körper-Geist-Verhältnis als Möbius-Streifen einbindet. Der Möbius-Streifen, das Papierstreifenmodell aus der Physik, lässt, zu einer Acht geformt, Innen ins Außen und Außen ins Innen laufen. Besser als in einer binären Konstruktion von Innen und Außen würden hier auch die Interaktionen deutlicher berücksichtigt.[206] Diesem Modell sehr ähnlich lässt sich das von Deleuze und Guattari darstellen: Anders als über den Mangel formen sich in ihrem Modell der Körper und die Subjektivität hier ständig neu, sie sind in ständigem Werden begriffen.

> Their notion of the body as a discontinuous, nontotalizable series of processes, organs, flows, energies, corporeal substances and incorporeal events, speeds and durations, may be of great value to feminists attempting to reconceive bodies outside the binary oppositions imposed on the body by the mind/ body, nature/ culture, subject/ object and inte-

206 Nach Grosz 1994, S. XII

rior/ exterior opposition.[207]

Diesen Entwurf zum neuen Körperverständnis nennen Deleuze und Guattari BwO: Body without Organs (es gibt keine Grenzen, sondern nur die Bewegung, den Fluss).

> The BwO is the 'field of immanation', the 'plane of consistency' specific to desire (...). It resists transcendence; it refuses the sedimentation and hierarchization required for the movement of transcendence, resists the stratifications and layerings and overcodings that produce the three great strata or identities: the union constituting the organism, the unification that constitutes the subject, and the structure of significance. It refuses all propriety: the BwO is never yours or mine. It is always a body.[208]

Der in den *Molding Foods* oder auch *Horror and Surrealist Pictures* 1994-96 (s. Abb. 35) anwesende Körper scheint ein BwO: ohne geschlechtliche Zuschreibung oder Einschreibung einer Trennung/ eines Mangels, ohne eine angstvoll umklammerte, verschlossene Oberfläche, welche die Grenze der Subjektivität behaupten will. Mit dieser Art von Körperlichkeit, die Grosz, Deleuze und Guattari, sowie die Bilder Shermans beschreiben, kehrt jedoch die Sterblichkeit, die Begrenztheit, die Schwerfälligkeit zurück. Der Mangel und die Trennungen, die über ‚melodramatische' Erzählungen von Positiv/ Negativ, Haben/ Nicht-Haben, usw., die westliche Gesellschaft strukturiert haben, und die mit scheinbarer Bedeutsamkeit und Schicksalhaftigkeit eine Transzendenz oder Verdrängung des Todes geschaffen haben, werden von diesen Modellen ausgehebelt. Das Unbehagen, das bereits von den *Untitled Film Stills* ausging, die allerdings noch die schöne Oberfläche präsentierten, lässt sich jetzt als Ankündigung dessen verstehen, was die Körperflüssigkeiten der späteren Bilder zeigen: das unheimliche Dahinter ist die Rückkehr zum Fleisch, das nicht mit bedeutsamer Tiefe, sondern mit dem Sterben zusammenhängt. Die Bilder kündigen das Absterben der melodramatischen Pose an.

## 6. Rückblick und Schlusswort: Grenzgänge

Der gedankliche Weg vom 18. Jahrhundert bis ins diskursive ‚Morgen' des BwO hat Teile des ideellen und ideologischen Hintergrunds einer Gesellschaft der Repräsentationen an den subversiven Bildern Cindy Shermans und dem Zerlegen des Melodramas in sei-

---

207 Grosz über Deleuze und Guattari 1994, S. 164

208 Grosz 1994, S. 170

ne philosophischen und ästhetischen Bestandteile sichtbar gemacht. Die gesellschaftlich-sozialen Veränderungen im 18. Jahrhundert, deren Echo noch im Jahrhundert der Industrialisierung zu spüren war, haben das Interesse für die Dinge der Welt geweckt und das neuzeitliche Subjekt, das mit der Renaissance zum naturbeherrschenden geworden war, vollendet. Die Diskursivierung der Lebenswelt und das Bedeutsammachen der Umwelt hing mit jenen Überlebensängsten zusammen, die mit dem Verlust der religiösen Transzendenz einhergingen. Verbindliche Werte und Normen und eine neue Moral mussten geschaffen werden, um das Zusammenleben zu ermöglichen. Körper und Geist, deren Trennung und Hierarchie für die abendländische Kultur seit Plato charakteristisch sind, wurden in ein repräsentatives Abhängigkeitsverhältnis gesetzt, das den Körper zum Theater der Seele machte. So wurden über die Beschaffenheit des sozialen Körpers Feinde erkennbar und erstrebenswerte Tugenden sichtbar. Gleichzeitig musste das Unvernünftige unterdrückt werden, damit im beruflichen und gesellschaftlichen Leben die Gefühle nicht Überhand nehmen und Chaos auslösen konnten. Das Theater als öffentliche Anstalt wurde zur Verbreitung des neuen Ideals als nützlich erkannt und genutzt; die Dramenliteratur des 18. und 19. Jahrhunderts spiegelt die normative Ästhetik und Unterordnung aller theatralen Mittel unter den Sinn, der meist in der Figur des Vaters verkörpert wird. Als Probe der Norm wird diese durch die Handlung am Beispiel einer weiblichen Figur ins Wanken gebracht, also dynamisiert, und dann dennoch durch deren Opferung bestätigt. Dem Bürgerlichen Trauerspiel ist die phallische Ordnung der Geschlechter inhärent, in welcher der Frau als Leerstelle der Repräsentation (als den Phallus Nicht-habender) eine nahezu unbegrenzte Anzahl an Bedeutungsmöglichkeiten zufällt. So wird das Weibliche seit dem 18. Jahrhundert als symbolisch und als das Andere gehandelt, das aber männlicher Autorität unterliegt. Das Melodrama scheint dies zunächst aufzubrechen: Es setzt das unkontrollierte Weibliche in Szene, und statt des beherrschten natürlichen Schauspielstils kehrt mit ihm die Deklamation auf die Bühne zurück, expressiv, aktiv, laut ausgesprochen, pathetisch und in musikalischer Begleitung.

Das Tableau als sinnhafter Auschnitt, das wiederum seinen Ursprung im bürgerlichen Theater hat, ist die Kristallisation des melodramatischen Gedankens: Die scheinbare Natürlichkeit des arrangierten Moments, indem alles auf ein und dieselbe Aussage abzielt, und der durch seine körperliche/ ehemals körperliche (in der Fotografie) Präsenz eine Wahrhaftigkeit erzeugt, die sich verbal so nicht konstruieren lässt. Statt *eines* sprachlich vermittelten Sinns setzt das illusionistische, zentralperspektivische Tableau ein assoziatives Spiel der Mythen frei: die diskursive bürgerliche Ideologie der fiktiven moralischen Gegensätze, die in der Wiederholung und der affektiven Besetzung fixiert wird.

Das Melodrama handelt von dieser ‚Unaussprechlichkeit' und Repräsentation der latenten Bedeutung unter der Oberfläche, die ein sinnvolles und stabiles Weltbild – Gesamtsinn und Transzendenz – zu etablieren sucht.

Somit stößt das Melodrama den thematischen Komplex der Bildtheorie an und die Frage nach der Wahrnehmung: Es handelt als Untersuchungsgegenstand durch seine stark auf Visualität ausgelegte Darstellungskonvention u.a. vom „Prozess der kollektiven Symbolisierung", den Belting als anthropologischen Bildbegriff herausgearbeitet hat.

Das Film-Melodrama verschärft viele Züge des Tableaus, weil seine Medialität durch die Techniken des Schnitts und der Großaufnahme eine Perfektionierung des gelenkten Ausschnitts bedeutet; sowie eine perfekte Synthese aus Musik, Bild und Handlung erzeugt. Die *mise en scéne* des Films, die teils sogar schon im unreflexiven Melodrama so überreizt ist, dass sie subversive Züge trägt, vermittelt oft den Eindruck der Enge des Dekors, der Überdeutung der Welt. Roland Barthes hat einmal die Tableaus der Perversion in de Sades *120 Tage von Sodom* beschrieben:

> Die Werke de Sades sind nicht pornografisch, dazu sind sie zu explizit; sie sind auch nicht mimetisch, denn das Erzählte ist unmöglich: die Stellungen, in denen alle Beteiligten mit möglichst vielen anderen in einem sexuellen Akt verbunden sein sollen, ergeben in ihrer Perversion der Abgeschlossenheit und abgeschlossenen Perversion den Baum des Verbrechens.[209]

Dieser soll nach Barthes in Analogie zur Linguistik gedacht werden, denn die Kombinationen folgen absoluter Regelhaftigkeit wie die Sprache. Das Tableau ist diskursiv im Aufbau – das machen die unmöglichen Tableaus de Sades evident:

> Die Funktion des Diskurses besteht tatsächlich nicht darin, Angst, Lust und Eindruck zu machen oder Scham hervorzurufen, sondern darin das Unvorstellbare zu konzipieren, das heißt, nichts außerhalb der Rede zu lassen und der Welt

---

209 Roland Barthes: Der Baum des Verbrechens, in: Das Denken des Marquis de Sade, Frankfurt/ Main 1988, S. 60/ 61.

nichts Unaussprechliches zu konzedieren.[210]

Das filmische Tableau, das zumeist im Fluss der Sukzession untergeht, ist von Cindy Sherman hervorgehoben, indem sie die intermediale Gattung des Film-Standbildes thematisiert. Damit bricht sie die narrativen Erzählungen der abendländischen Gesellschaft auf: Durch Übertreibungen und Deformationen schafft sie Risse im Illusionismus und macht auf die Medialität des Bildes aufmerksam. Sie parodiert das stereotype Archiv an Weiblichkeitsbildern und, indem sie als aktives und bewusst posierendes Modell den Blick zurückgibt, die westliche Blickökonomie des Voyeurismus. Letzten Endes greift sie humorvoll das psychoanalytische Gerüst der Individuation und Geschlechtung an, indem sie auf die verdrängte Angst um die eigene Ganzheit anspielt; damit stellt sie die phallische Ordnung und das bürgerliche Subjekt an sich in Frage: Die Frau als Bild lässt sich nicht länger zur Selbstversicherung gebrauchen, da sie hier aus der *absorption* einmal mehr herausgetreten ist und zeigt, dass die Gleichsetzung von Frau und Bild als Stabilisator sowieso noch nie einwandfrei funktioniert hat; und Pygmalion musste sich die Geschichte immer wieder selbst erzählen, damit er sie glaubte und sich für Galateas Schöpfer hielt.

Die *Untitled Film Stills*, die zwar die Zentralperspektive und den Ausschnittcharakter behalten, eine mythische Deutung anregen, sie dann aber wieder brechen, sowie die Idee der stabilen Identität konterkarieren, machen in ihrer Reihung unsere Sehgewohnheiten und moralischen Bewertungen bewusst. Sie heben die eigenen Produktionsmittel und die Materialität des Mediums hervor. So verhindern sie den Prozess der beruhigenden Benennung und Narration; und auch der Affekt wird durch ein Unbehagen ausgetauscht: Die Pose und die Fotografie lassen den Tod, das Fragmentarische und den Stillstand assoziieren, sowie die gefühlte Mortifikation beim Einnehmen der Pose.

Statt eines mythischen Dahinter kehrt in den Bildern Cindy Shermans nur die verdrängte Sterblichkeit wieder. Es bleibt aber nicht in der Wiederkehr, was nur erneut eine moralische Wertung wäre, sondern sie spielt mit der fiktiven Zuschreibung: Sie zeigt später Bilder, die Tabuisiertes in schönem, ästhetischem Arrangement zeigen, wie Exkremente, Gedärme, Erbrochenes, Verschimmeltes und Blut. Sie stellt dar, dass Tabuisierung auch nur eine Fiktion ist, denn all der Schleim ist bei längerer Betrachtung plötzlich nicht mehr so unheimlich, hat man die Benennungen aus den Augen verloren.

---

210 Barthes 1988, S. 60/ 61.

Sherman testet als Grenzgängerin die Durchlässigkeit zwischen den Gegensätzen, macht die Gegenüberstellungen fragwürdig und holt sie wieder in den kulturellen Kontext zurück, aus dem sie enthoben wurden, um das eindeutig Bedeutende zu sein. Die Gegensätze von künstlich/ natürlich, Fantasie/ Realität, männlich/ weiblich, Körper/ Geist werden plötzlich als solche nicht mehr erkennbar, nicht mehr wichtig. Dann wird die Kritik, die Theoretiker an der Macht der Bilder üben, dass sie referenzlos geworden seien, plötzlich hinfällig, weil auch deren Ausgangspunkt eine binäre Fiktion von Ursprungsobjekt und Bild ist. Jedes Bild wird im Betrachter seine Referenz finden, die nicht in Innen und Außen getrennt werden kann, sondern eine Vermischung darstellt: eine bewegliche, fließende Kombination aus beidem.

## Literaturverzeichnis

Balázs, Béla: „Der sichtbare Mensch". In: Ders.: Der sichtbare Mensch oder die Kultur des Films. Frankfurt/ Main: Suhrkamp 2001. S. 16-23

Barta, Ilsebill: „Der disziplinierte Körper. Bürgerliche Körpersprache und ihre geschlechtsspezifische Differenzierung am Ende des 18. Jahrhunderts". In: Dies. (Hg.): Frauen, Bilder, Männer, Mythen. Berlin: Reimer 1987. S. 84-106

Barthes, Roland: „Der Baum des Verbrechens". In: Ders.: Das Denken des Marquis de Sade. Frankfurt/ Main: Suhrkamp 1988. S. 39-61

-----: „Der dritte Sinn". In: Ders.: Der entgegenkommende und der stumpfe Sinn. Kritische Essays III. Frankfurt: Suhrkamp 1990. S. 47-66

-----: Die helle Kammer. Bemerkung zur Photographie. Frankfurt/ Main: Suhrkamp 1985

-----: Mythen des Alltags. Frankfurt/ Main: Suhrkamp 2003

-----: „Diderot, Brecht, Eisenstein". In: Ders.: Der entgegenkommende und der stumpfe Sinn. Kritische Essays III. Frankfurt: Suhrkamp 1990. S. 94-102

Baxmann, Inge: Die Feste der Französischen Revolution. Inszenierung von Gesellschaft als Natur. Weinheim/ Basel: Beltz 1989

Belting, Hans: Bild-Anthropologie. Entwürfe für eine Bildwissenschaft. München: Fink 2001

Baudrillard, Jean: Der symbolische Tausch und der Tod. München: Matthes/ Seitz 1991

Böhme, Hartmut/ Böhme, Gernot: Das Andere der Vernunft. Zur Entwicklung von Rationalitätsstrukturen am Beispiel Kants. Frankfurt/ Main: Suhrkamp 1983

Bronfen, Elisabeth: „Das andere Selbst der Einbildungskraft. Cindy Shermans hysterische Performanz". In: Zdenek Felix/ Martin Schwander (Hg.): Cindy Sherman. Photoarbeiten 1975-1995. München: Schirmer/ Mosel 1995. S. 13-26

-----: „Weiblichkeit und Repräsentation. Aus der Perspektive von Semiotik, Ästhetik und Psychoanalyse". In: Hadumod Bussmann (Hg.): Genus. Zur Geschlechterdifferenz in den Kulturwissenschaften. Stuttgart: Kroener 1995. S. 408-445

Brooks, Peter: The Melodramatic Imagination. Balzac, Henry James, Melodrama, and the Mode of Excess. New Haven/ London: Yale Univ. Press 1976

-----: „Melodrama, Body, Revolution". In: Jacky Bratton/ Jim Cook/

Christine Gledhill (Hg.): Melodrama. Stage, Picture, Screen. London 1994. S. 11-24

Bushuven, Siegrid/ Huesmann, Michael: „Gesteuerter Affekt. Die Instrumentalisierung von Musik im deutschen Melodrama des 18. Jahrhunderts“. In: Erika Fischer-Lichte/ Jörg Schönert (Hg.): Theater im Kulturwandel des 18. Jahrhunderts. Inszenierung von Körper - Musik-Sprache. Göttingen: Wallstein 1999. S. 215-226

Butler, Judith: Das Unbehagen der Geschlechter. Frankfurt/ Main: Suhrkamp 1991

Cruz, Amada: „Movies, Monstrosities and Masks. Twenty Years of Cindy Sherman”. In: Museum of Contemporary Art Chicago/ Los Angeles (Hg.): Cindy Sherman. Retrospective. London: Thames/ Hudson 1997. S. 1-18

Dickhoff, Wilfried/ Du Mont, Gisela Neuven (Hg.): Sherman. Im Gespräch mit Wilfried Dickhoff. Kunst Heute 14. Köln: Kiepenheuer/ Witsch 1995

De Lauretis, Teresa: „Das Subjekt/ Sujet der Phantasie". In: Christian Kravegna (Hg.): Privileg Blick. Kritik der visuellen Kultur. Berlin 1997. S. 98-124

Doane, Mary-Anne: „The Woman's Film. Possession and Address”. In: Christine Gledhill (Hg.): Home is where the heart is. Studies in Melodrama and the Woman's Film. London: Brit. Film Institute 1987. S. 283-298

Eiblmayr, Sivia: Die Frau als Bild. Der weibliche Körper in der Kunst des 20. Jahrhunderts. Berlin: Reimer 1993

Elsaesser, Thomas: „Tales of Sound and Fury. Observations on the Family Melodrama”. In: Christine Gledhill (Hg.): Home is where the heart is. Studies in Melodrama and the Woman's Film. London: Brit. Film Institute 1987. S. 43-69

Fischer-Lichte, Erika: Semiotik des Theaters. Vom ,künstlichen' zum ,natürlichen' Zeichen. Theater des Barock und der Aufklärung. Bd. 2. Tübingen: Narr 1995

Foucault, Michel: „Nietzsche, die Genealogie, die Historie“. In: Ders.: Von der Subversion des Wissens. Frankfurt/ Main: Fischer 1987. S. 69-90

-----: Sexualität und Wahrheit. Der Wille zum Wissen. Bd.1. Frankfurt/ Main: Suhrkamp 1992

Gledhill, Christine: „The Melodramatic Field. An Investigation”. In: Dies. (Hg.): Home is where the heart is. Studies in Melodrama and the Woman's Film. London: Brit. Film Institute 1987. S. 5-39

Grosz, Elisabeth: Volatile Bodies. Toward a Corporeal Feminism. Indiana Univ. Press 1994

Heeg, Günther: Das Phantasma der natürlichen Gestalt. Körper, Sprache und Bild im Theater des 18. Jahrhunderts. Frankfurt/ Main: Stroemfeld 2000

-----: „Der Faden der ‚Ariadne'. Ursprung und Bedeutung des Malerischen in der theatralen Darstellung des 18. Jahrhunderts". In: Erika Fischer-Lichte/ Jörg Schönert (Hg.): Theater im Kulturwandel des 18. Jahrhunderts. Inszenierung von Körper -Musik-Sprache. Göttingen: Wallstein 1999. S. 361-383

-----: „Szenen". In: Heinrich Bosse/ Ursula Renner (Hg.): Literaturwissenschaft. Einführung in ein Sprachspiel. Freiburg: Rombach 1999. S. 251-269

Henze-Döhring, Sabine: „„Ausdruck und ‚Körperlichkeit': Das deutsche Melodram des späten 18. Jahrhunderts". In: Erika Fischer-Lichte/ Jörg Schönert (Hg.): Theater im Kulturwandel des 18. Jahrhunderts. Inszenierung von Körper -Musik-Sprache. Göttingen: Wallstein 1999. S. 215-226

Herrmann, Britta: „Das uneinige Geschlecht: *His*tory, Her Story, Hysterie. Erzählen, Körper, Differenz". In: Kati Röttger/ Heike Paul (Hg.): Differenzen in der Geschlechterdifferenz. Aktuelle Perspektiven der Geschlechterforschung. Berlin: Erich Schmidt: 1999. S. 169-186

Jackob, Alexander: „The Age of Innocence. Eine Geschichte über New York vor dem Zeitalter des Films, oder Film als Archiv der Sinne". In: Screenshot. Texte zum Film. Martin Scorsese, 4/ 02. S. 14-16

Kämpf-Jansen, Helga: „Kitsch – oder ist die Antithese der Kunst weiblich". In: Ilsebill Barta (Hg.): Frauen, Bilder, Männer, Mythen. Berlin: Reimer 1987. S. 322-341

Klinger, Barbara: „'Local Genres'. The Hollywood Adult Film in the 1950's". In: Jacky Bratton/ Jim Cook/ Christine Gledhill (Hg.): Melodrama. Stage, Picture, Screen. London 1994. S. 135-145

Kolesch, Doris: „Zur Theatralität nicht-theatraler Bilder. Überlegungen zu den Photographien von Cindy Sherman". In: Erika Fischer-Lichte/ Doris Kolesch (Hg.): Paragrana. Internationale Zeitschrift für Historische Anthropologie. Bd. 7. Heft 1. Berlin: Akademie 1998. S. 179-195

Küster, Ulrike: Das Melodrama. Zum ästhetikgeschichtlichen Zusammenhang von Dichtung und Musik im 18. Jahrhundert. Frankfurt/ Main: Lang 1994

Lang, Robert: American Film Melodrama. Griffith, Vidor, Minelli. New

Jersey: Princeton Univ. Press 1989

Meisel, Martin: „Scattered Chiaroscuro. Melodrama as a matter of seeing". In: Jacky Bratton/ Jim Cook/ Christine Gledhill (Hg.): Melodrama. Stage, Picture, Screen. London 1994. S. 65-81

Mitchell, W.J.T.: „Der Pictorial Turn". In: Christian Kravegna (Hg.): Privileg Blick. Kritik der visuellen Kultur. Berlin 1997. S. 98-124

Mulvey. Laura: „'It will be a magnificent obsession'. The Melodrama's Role in the Development of Contemporary Film Theory". In: Jacky Bratton/ Jim Cook/ Christine Gledhill (Hg.): Melodrama. Stage, Picture, Screen. London 1994. S. 121-146

-----: "Notes on Sirk and Melodrama". In: Christine Gledhill (Hg.): Home is where the heart is. Studies in Melodrama and the Woman's Film. London: Brit. Film Institute 1987. S. 75-80

Nowell-Smith, Geoffrey: „Minelli and Melodrama". In: Christine Gledhill (Hg.): Home is where the heart is. Studies in Melodrama and the Woman's Film. London: Brit. Film Institute 1987. S. 70-74

Owens, Craig: „Posieren". In: Herta Wolf (Hg.): Diskurse der Fotografie. Fotokritik am Ende des fotografischen Zeitalters. Bd. 2. Frankfurt/ Main: Suhrkamp 2003. S. 92-114

Schade, Sigrid: „Der Mythos des ‚Ganzen Körpers'. Das Fragmentarische in der Kunst des 20. Jahrhunderts als Dekonstruktion bürgerlicher Totalitätskonzepte". In: Ilsebill Barta (Hg.): Frauen, Bilder, Männer, Mythen. Berlin: Reimer 1987. S. 239-260

Schade, Sigrid/ Wenk, Silke: „Inszenierungen des Sehens. Kunst, Geschichte und Geschlechterdifferenz". In: Hadumod Bussmann (Hg.): Genus. Zur Geschlechterdifferenz in den Kulturwissenschaften. Stuttgart: Kroener 1995. S. 341-407

Schimpf, Wolfgang: Lyrisches Theater. Das Melodrama des 18. Jahrhunderts. Göttingen: Vandenhoeck/ Ruprecht 1988

Schmidt, Johann : Ästhetik des Melodramas. Studien zu einem Genre des populären Theaters im England des 19. Jahrhundert. Heidelberg: Winter 1986

Schulz, Martin: „Körper sehen – Körper haben? Fragen der bildlichen Repräsentation. Eine Einleitung". In: Hans Belting/ Dietmar Kamper/ Martin Schulz (Hg.): Quel Corps? Eine Frage der Repräsentation. München: Fink 2002. S. 1-25

Schwander, Martin: „Die Außenwelt der Innenwelt". In: Zdenek Felix/ Martin Schwander (Hg.): Cindy Sherman. Photoarbeiten 1975-1995. München: Schirmer/ Mosel 1995. S. 11-12

Silverman, Kaja: „Dem Blickregime begegnen". In: Christian Kravegna (Hg.): Privileg Blick. Kritik der visuellen Kultur. Berlin 1997. S. 41-64

Walker, Janet: „Hollywood, Freud and the Representation of Women. Regulation and Contradiction, 1945-early 1960's". In: Christine Gledhill (Hg.): Home is where the heart is. Studies in Melodrama and the Woman's Film. London: Brit. Film Institute 1987. S. 197-205

Wegmann, Nikolaus: Diskurse der Empfindsamkeit. Zur Geschichte eines Gefühls in der Literatur des 18. Jahrhunderts. Stuttgart: Metzler 1988

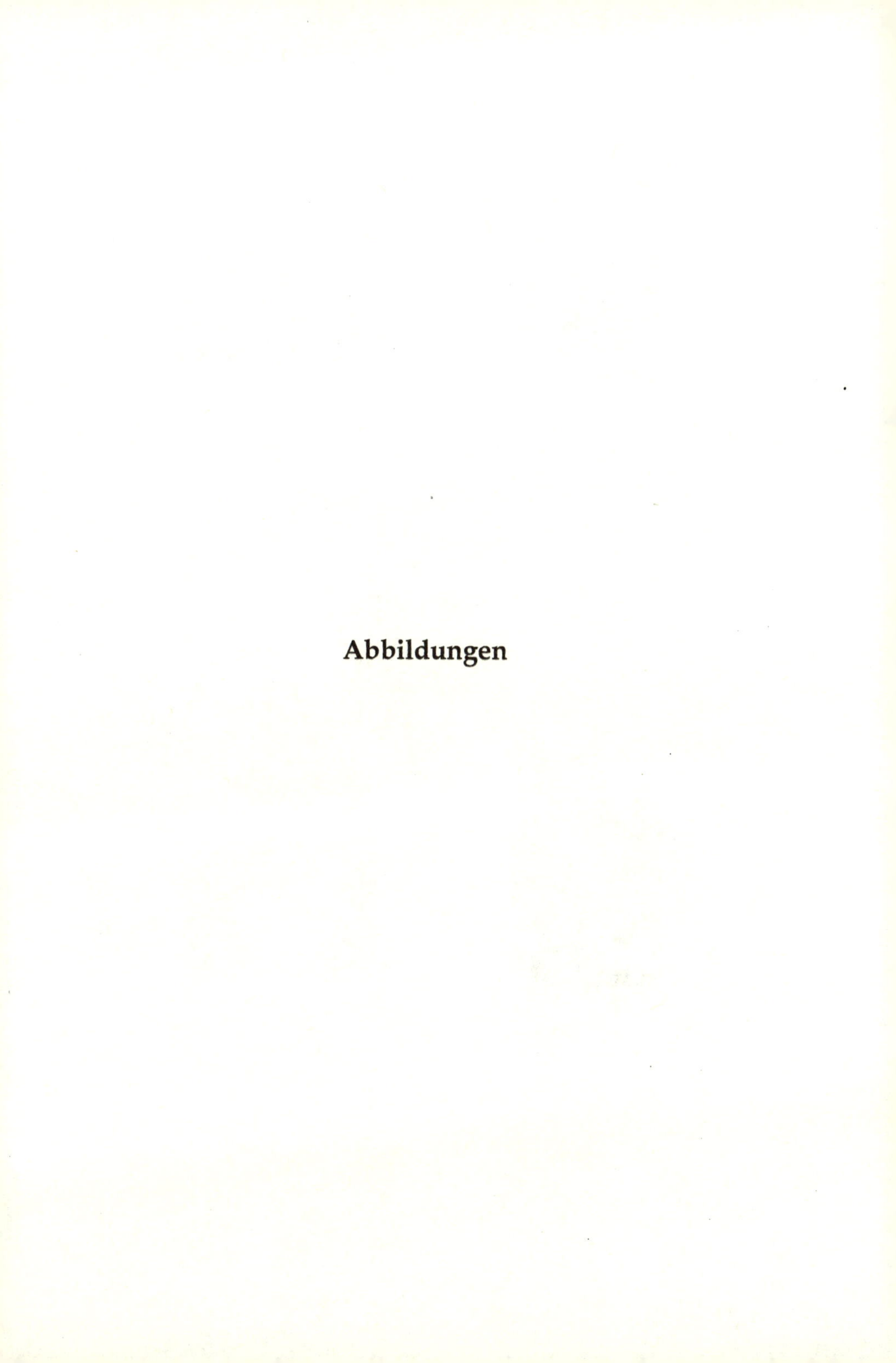

# Abbildungen

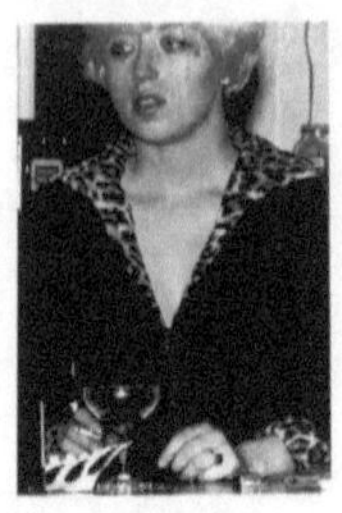

1

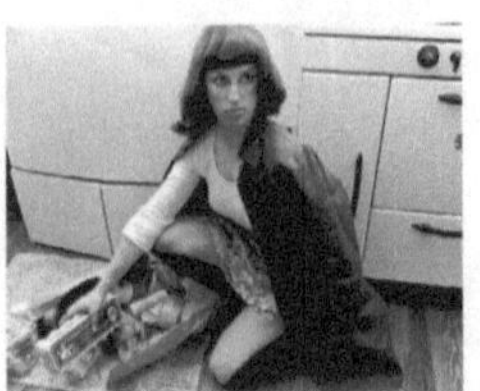

2

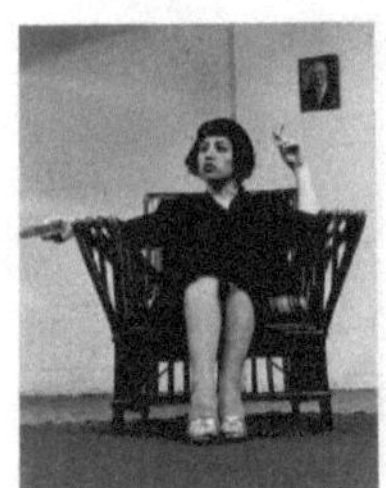

3

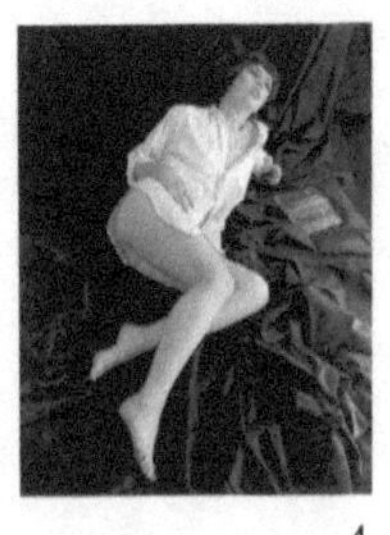

4

5

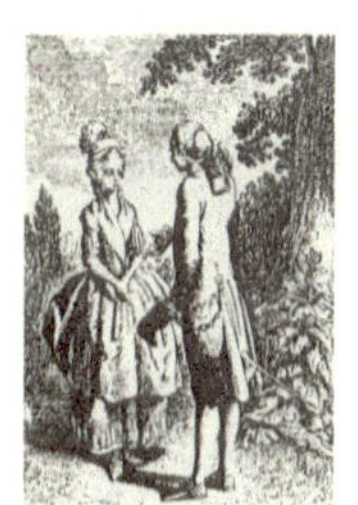

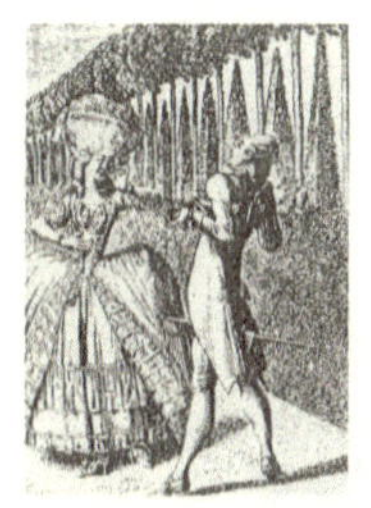

6

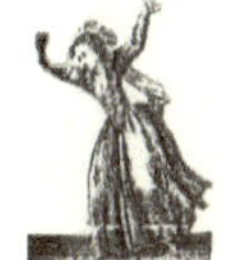

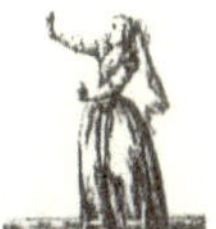

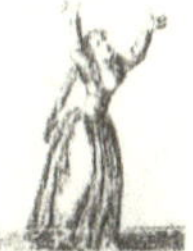

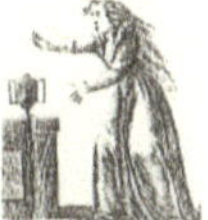

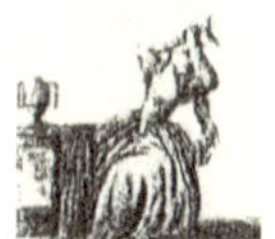

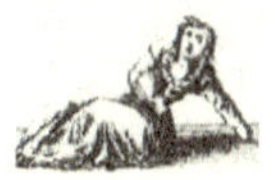

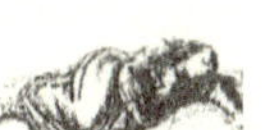

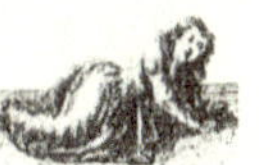

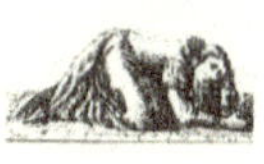

7

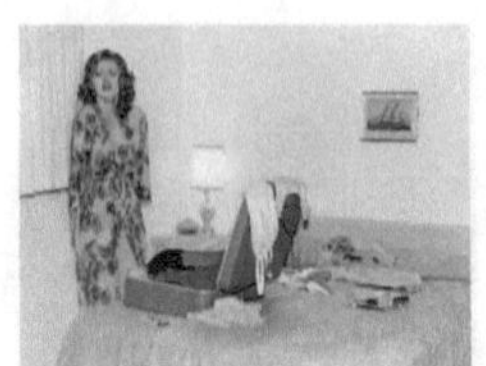

8

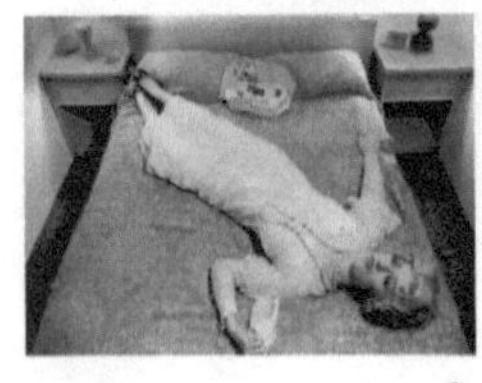

9

10

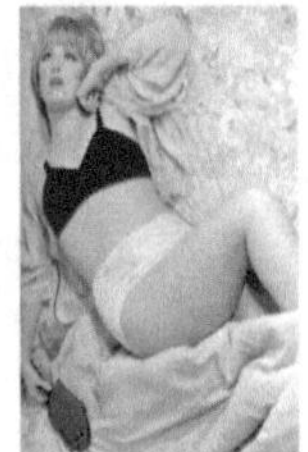

11

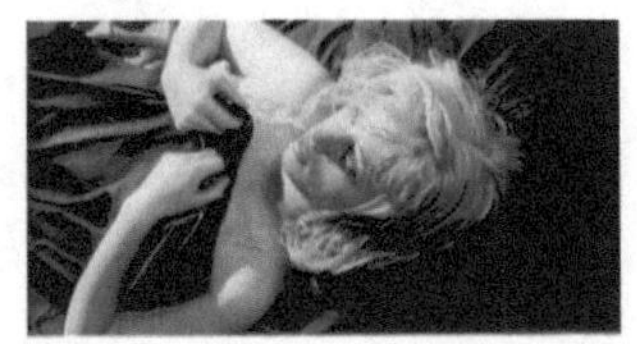

12

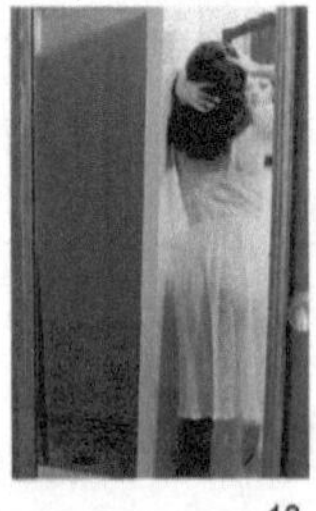

13

14

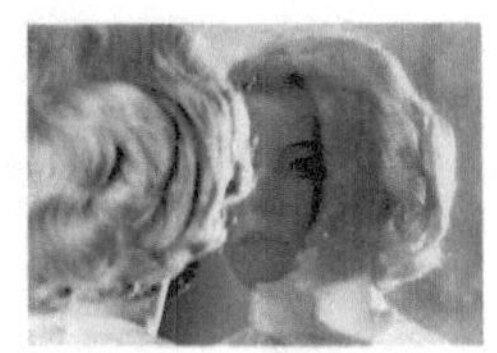

15

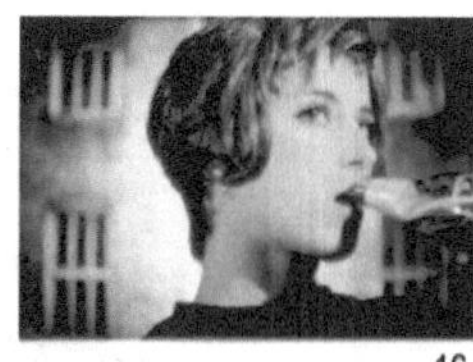

16

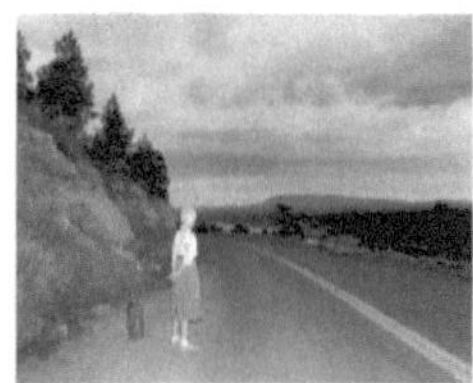

17

18

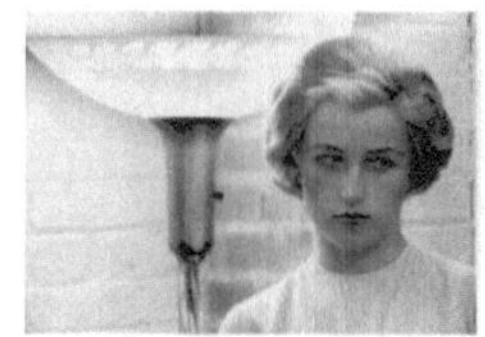

19

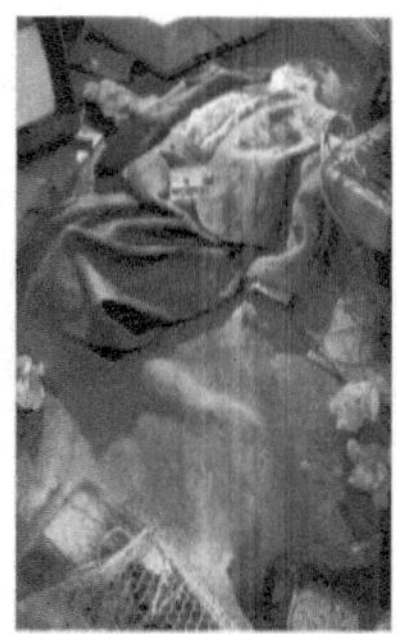

20

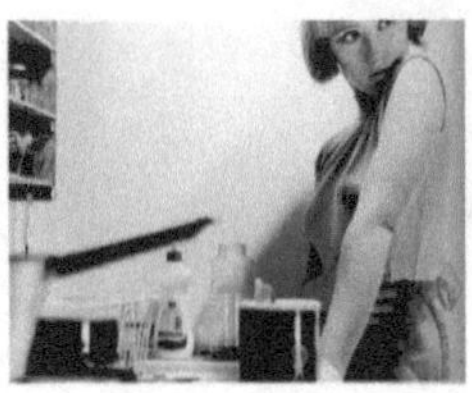

21

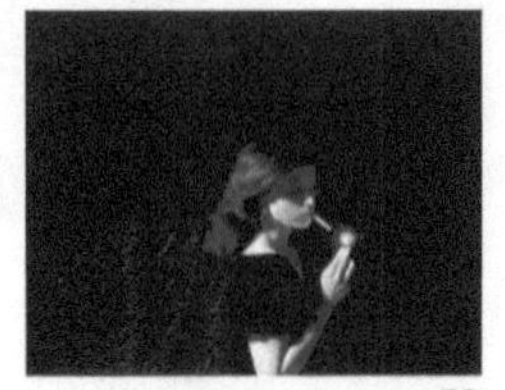

22

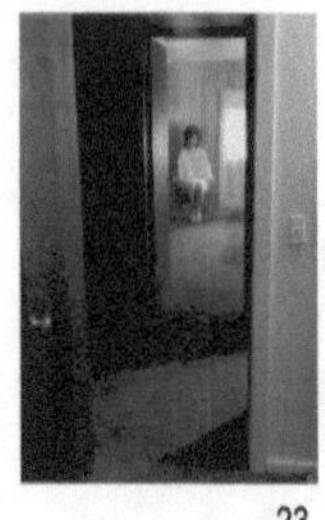

23

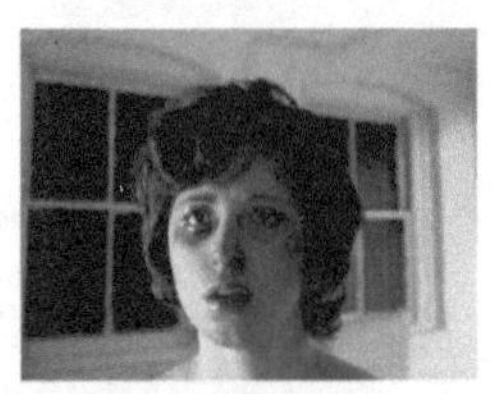

24

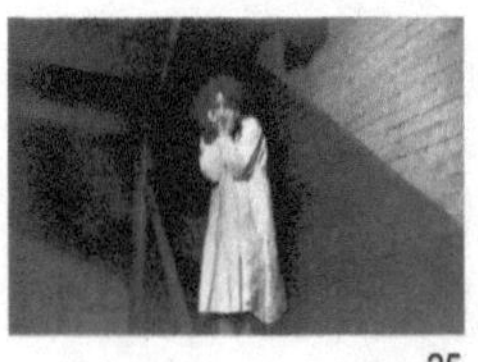

25

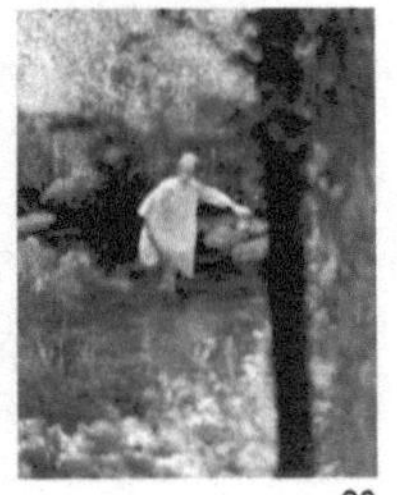

26

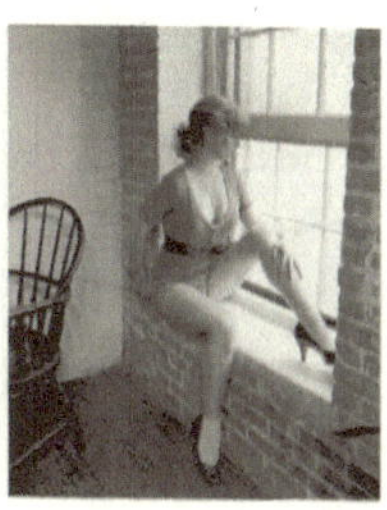

27

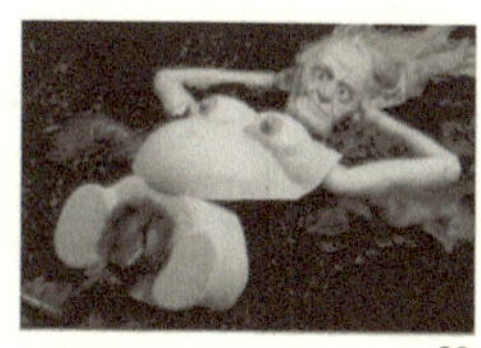

28

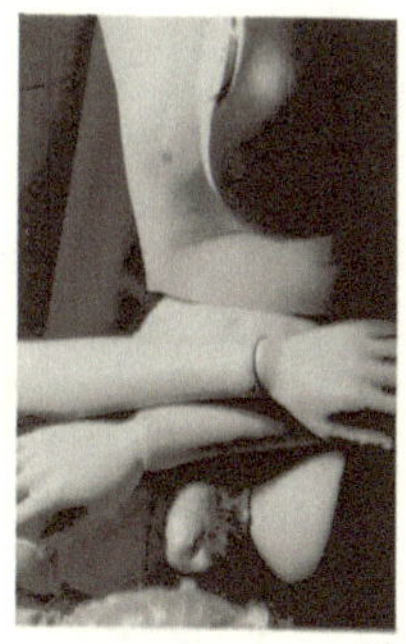

29

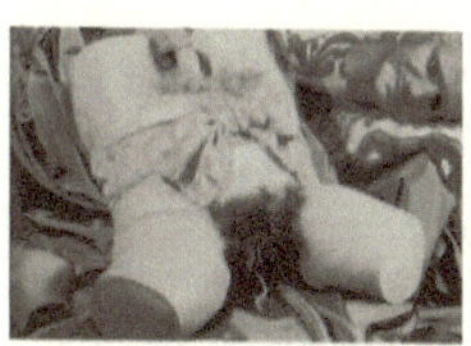

30

## Abbildungsverzeichnis und -nachweis

| | | |
|---|---|---|
| 19 | Cindy Sherman: *Untitled Film Still #53*<br>1980 | 20.3 x 24.5cm |
| 20 | Cindy Sherman: *Untitled #168*<br>1987 | 127.3 x 84.8 cm |
| 21 | Cindy Sherman: *Untitled Film Still #3*<br>1977 | 20.3 x 24.5cm |
| 22 | Cindy Sherman: *Untitled Film Still #32*<br>1979 | 20.3 x 24.5cm |
| 23 | Cindy Sherman: *Untitled Film Still #82*<br>1979 | 20.3 x 24.5cm |
| 24 | Cindy Sherman: *Untitled Film Still #30*<br>1979 | 20.3 x 24.5cm |
| 25 | Cindy Sherman: *Untitled Film Still #26*<br>1979 | 20.3 x 24.5cm |
| 26 | Cindy Sherman: *Untitled Film Still #38*<br>1979 | 20.3 x 24.5cm |
| 27 | Cindy Sherman: *Untitled Film Still #15*<br>1978 | 20.3 x 24.5cm |
| 28 | Cindy Sherman: *Untitled #250*<br>1992 | 127 x 190.5 cm |
| 29 | Cindy Sherman: *Untitled #259*<br>1992 | 152.4 x 101.6 cm |
| 30 | Cindy Sherman: *Untitled #263*<br>1992 | 101.6 x 152.4 cm |
| 31 | Cindy Sherman: *Untitled #225*<br>1990 | 121.9 x 83.8 cm |
| 32 | Cindy Sherman: *Untitled #223*<br>1990 | 147.3 x 106.7 cm |
| 33 | Cindy Sherman: *Untitled #190*<br>1989 | 235 x 180.3 cm |
| 34 | Cindy Sherman: *Untitled #236*<br>1987/ 1990 | 228.6 x 152.4 cm |
| 35 | Cindy Sherman: *Untitled #244* | 119.4 x 177.8 cm<br>1991 |

Alle *Untitled Film Stills* sind schwarzweiß, die übrigen *Untitleds* sind im Original Buntfotografien. Bei den Abbildungen 6 und 7 handelt es sich um Kupferstiche. Alle Abbildungen (außer 6 und 7) in:

Cindy Sherman. Retrospective. Ausstellungskatalog des Museum of Contemporary Art Chicago/ Los Angeles (Hg.). London: Thames/ Hudson 1997

In der Schriftenreihe *Kleine Mainzer Schriften zur Theaterwissenschaft* sind bisher erschienen:

**Becker, Kristin:**
Chicago. Ein Mythos in seinen Inszenierungen.
(KMT, Band 1)
166 Seiten, 24,90 Euro, 2005
ISBN 3-8288-8929-8

**Wiegmink, Pia:**
Theatralität und öffentlicher Raum. Die Situationistische Internationale am Schnittpunkt von Kunst und Politik.
(KMT, Band 2)
146 Seiten, 24,90 Euro, 2005
ISBN 3-8288-8935-2

**Pfahl, Julia:**
Québec inszenieren. Identität, Alterität und Multikulturalität als Paradigmen im Theater von Robert Lepage.
(KMT, Band 3)
120 Seiten, 24,90 Euro, 2005
ISBN 3-8288-8948-4

**Walkenhorst, Birgit:**
Intermedialität und Wahrnehmung. Untersuchungen zur Regiearbeit von John Jesurun und Robert Lepage.
(KMT, Band 4)
100 Seiten, 24,90 Euro, 2005
ISBN 3-8288-8949-2

**Butte, Maren:**
Das Absterben der Pose. Die Subversion des Melodramas in Cindy Shermans Fotoarbeiten.
(KMT, Band 5)
134 Seiten, 24,90 Euro, 2006
ISBN 3-8288-8969-7

www.ingramcontent.com/pod-product-compliance
Lightning Source LLC
La Vergne TN
LVHW051007080826
845145LV00009B/2500

* 9 7 8 3 8 2 8 8 8 9 6 9 9 *

www.ingramcontent.com/pod-product-compliance
Lightning Source LLC
LaVergne TN
LVHW051011080826
845145LV00009B/2569